茶，汤和好天气

汪曾祺 等◎著

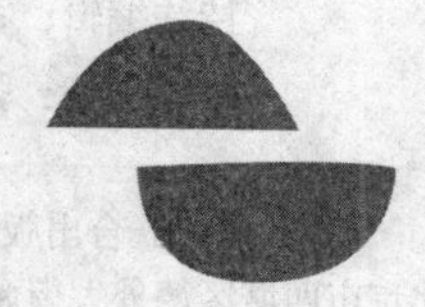

北京联合出版公司
Beijing United Publishing Co.,Ltd.

图书在版编目（CIP）数据

茶，汤和好天气 / 汪曾祺等著．— 北京：北京联合出版公司，2016.4（2023.10重印）

（极简的阅读）

ISBN 978-7-5502-7360-3

Ⅰ．①茶… Ⅱ．①汪… Ⅲ．①散文集—中国—现代②散文集—中国—当代 Ⅳ．① I266

中国版本图书馆 CIP 数据核字（2016）第058655号

茶，汤和好天气

作　　者：汪曾祺 等
责任编辑：夏应鹏
特约编辑：黄川川
版权支持：张　婧

北京联合出版公司出版
（北京市西城区德外大街 83 号楼 9 层　100088）
三河市恒升印装有限公司印刷　新华书店经销
字数：134 千字　787mm×1092mm　1/32　印张：6.75
2016 年 5 月第 1 版　2023 年 10 月第 17 次印刷
ISBN 978-7-5502-7360-3
定价：28.00 元

极简的阅读

时移境迁，浮光掠影

他们的文字，穿越时空，抚慰你我，引领前行

目录

hē 喝 chá 茶

周作人

喝茶当于瓦屋纸窗之下，

清泉绿茶，

用素雅的陶瓷茶具，

同二三人共饮，

得半日之闲，

可抵十年的尘梦。

前回徐志摩先生在平民中学讲“吃茶”——并不是胡适之先生所说的“吃讲茶”——我没有工夫去听，又可惜没有见到他精心结构的讲稿，但我推想他是在讲日本的“茶道”（英文译作Teaism），而且一定说得很好。茶道的意思，用平凡的话来说，可以称作“忙里偷闲，苦中作乐”，在不完全的现世享乐一点美与和

谐，在刹那间体会永久，在日本之“象征的文化”里的一种代表艺术。关于这一件事，徐先生一定已有透彻巧妙的解说，不必再来多嘴，我现在所想说的，只是我个人的很平常的喝茶观罢了。

喝茶以绿茶为正宗，红茶已经没有什么意味，何况又加糖——与牛奶？葛辛（George Gissing）的《四季随笔》（Private Papers of Henry Ryecroft）确是很有趣味的书，但冬之卷里说及饮茶，以为英国家庭里下午的红茶与黄油面包是一日中最大的乐事，东方饮茶已历千百年，未必能领略此种乐趣与实益的万分之一，则我殊不以为然。红茶带“土斯”未始不可吃，但这只是当饭，在肚饥时食之而已；我的所谓喝茶，却是在喝清茶，在赏鉴其色与香与味，意未必在止渴，自然更不在果腹了。中国古昔曾吃过煎茶及抹茶，现在所用的都是泡茶，冈仓觉三[1]在《茶之书》（Book of Tea，1919）里很巧妙地称之曰“自然主义的茶”，所以我们所重的即在这自然之妙味。中国人上茶馆去，左一碗右一碗地喝了半天，好像是刚从沙漠里回来的样子，颇合于我的喝茶的意思（听说闽粤有所谓吃功夫茶者自然也有道理），只可惜近来太是洋场化，失了本意，其结果成为饭馆子之流，只在乡村间还保存一点古风，唯是屋宇器具简陋万分，或者但可称为颇有喝茶之意，而未可许为已得喝茶之道也。

喝茶当于瓦屋纸窗之下，清泉绿茶，用素雅的陶瓷茶具，同二三人共饮，得半日之闲，可抵十年的尘梦。喝茶之后，再去继

1 即冈仓天心（1863年2月14日－1913年9月2日），日本明治时期著名的美术家，美术评论家，美术教育家，思想家。

续修各人的胜业，无论为名为利，都无不可，但偶然的片刻优游乃正亦断不可少。中国喝茶时多吃瓜子，我觉得不很适宜，喝茶时所吃的东西应当是轻淡的“茶食”。中国的茶食却变了“满汉饽饽”，其性质与“阿阿兜”相差无几；不是喝茶时所吃的东西了。日本的点心虽是豆米的成品，但那优雅的形色，朴素的味道，很合于茶食的资格，如各色“羊羹”（据上田恭辅氏考据，说是出于中国唐时的羊肝饼），尤有特殊的风味。江南茶馆中有一种“干丝”，用豆腐干切成细丝，加姜丝酱油，重汤炖热，上浇麻油，出以供客，其利益为“堂馆”所独有。豆腐干中本有一种“茶干”，今变而为丝，亦颇与茶相宜。在南京时常食此品，据云有某寺方丈所制为最，虽也曾尝试，却已忘记，所记得者乃只是下关的江天阁而已。学生们的习惯，平常“干丝”既出，大抵不即食，等到麻油再加，开水重换之后，始行举箸，最为合式，因为一到即罄，次碗继至，不遑应酬，否则麻油三浇，旋即撤去，怒形于色，未免使客不欢而散，茶意都消了。

吾乡昌安门外有一处地方，名三脚桥（实在并无三脚，乃是三出，因以一桥而跨三叉的河上也），其地有豆腐店曰周德和者，制茶干最有名。寻常的豆腐干方约寸半，厚三分，值钱二文，周德和的价值相同，小而且薄，才及一半，黝黑坚实，如紫檀片。我家距三脚桥有步行两小时的路程，故殊不易得，但能吃到油炸者而已。每天有人挑担设炉镬，沿街叫卖，其词曰：

辣酱辣，

麻油炸，

红酱搽，

辣酱拓，

周德和格五香油炸豆腐干。

其制法如上所述，以竹丝插其末端，每枚三文。豆腐干大小如周德和，而甚柔软，大约系常品。唯经过这样烹调，虽然不是茶食之一，却也不失为一种好豆食。——豆腐的确也是极乐的佳妙的食品，可以有种种的变化，唯在西洋不会被领解，正如茶一般。

日本用茶淘饭，名曰“茶渍”，以腌菜及“泽庵”（即福建的黄土萝卜，日本泽庵法师始传此法，盖从中国传去）等为佐，很有清淡而甘香的风味。中国人未尝不这样吃，唯其原因，非由穷困即为节省，殆少有故意往清茶淡饭中寻其固有之味者，此所以为可惜也。

huáng yóu lào bǐng

黄油烙饼

汪曾祺

黄油烙饼是甜的，

眼泪是咸的。

萧胜跟着爸爸到口外去。

萧胜满七岁，进八岁了。他这些年一直跟着奶奶过。他爸爸的工作一直不固定。一会儿修水库啦，一会儿大炼钢铁啦。他妈也是调来调去。奶奶一个人在家乡，说是冷清得很。他三岁那年，就被送回老家来了。他在家乡吃了好些萝卜白菜，小米面饼子，玉米面饼子，长高了。

奶奶不怎么管他。奶奶有事。

她老是找出一些零碎料子给他接衣裳，接褂子，接裤子，接棉袄，接棉裤。他的衣服都是接成一道一道的，一道青，一道蓝。倒是挺干净的。奶奶还给他做鞋。自己打袼褙，剪样子，纳底子，自己绱。奶奶老是说："你的脚上有牙，有嘴？""你的脚是铁打的！"再就是给他做吃的。小米面饼子，玉米面饼子，萝卜白菜，炒鸡蛋，熬小鱼。他整天在外面玩。奶奶把饭做得了，就在门口嚷："胜儿！回来吃饭咧——！"

后来办了食堂。奶奶把家里的两口锅交上去，从食堂里打饭回来吃。真不赖！白面馒头，大烙饼，卤虾酱炒豆腐、焖茄子，猪头肉！食堂的大师傅穿着白衣服，戴着白帽子，在蒸笼的白蒙蒙的热气中晃来晃去，拿铲子敲着锅边，还大声嚷叫。人也胖了，猪也肥了。真不赖！

后来就不行了。还是小米面饼子，玉米面饼子。

后来小米面饼子里有糠，玉米面饼子里有玉米核磨出的疙子，拉嗓子。人也瘦了，猪也瘦了。往年，撵个猪可费劲哪。今年，一伸手就把猪后腿攥住了。挺大一个克郎，一挤它，咕咚就倒了。掺假的饼子不好吃，可是萧胜还是吃得挺香。他饿。奶奶吃得不香。她从食堂打回饭来，掰半块饼子，嚼半天。其余的，都归了萧胜。

奶奶的身体原来就不好。她有个气喘的病。每年冬天都犯。白天还好，晚上难熬。萧胜躺在炕上，听奶奶喝喽喝喽地喘。睡醒了，还听她喝喽喝喽。他想，奶奶喝喽了一夜。可是奶奶还是喝喽着起来了，喝喽着给他到食堂去打早饭，打掺了假的小米饼子，玉米饼子。

爸爸去年冬天回来看过奶奶。他每年回来，都是冬天。爸爸带回来半麻袋土豆，一串口蘑，还有两瓶黄油。爸爸说，土豆是他分的；口蘑是他自己采，自己晾的；黄油是“走后门”搞来的。爸爸说，黄油是牛奶炼的，很“营养”，叫奶奶抹饼子吃。土豆，奶奶借锅来蒸了，煮了，放在灶火里烤了，给萧胜吃了。口蘑过年时打了一次卤。黄油，奶奶叫爸爸拿回去：“你们吃吧。这么贵重的东西！”爸爸一定要给奶奶留下。奶奶把黄油留下了，可是一直没有吃。奶奶把两瓶黄油放在躺柜上，时不时地拿抹布擦擦。黄油是个啥东西？牛奶炼的？隔着玻璃，看得见它的颜色是嫩黄嫩黄的。去年小三家生了小四，他看见小三他妈给小四用松花粉扑痒子。黄油的颜色就像松花粉。油汪汪的，很好看。奶奶说，这是能吃的。萧胜不想吃。他没有吃过，不馋。

奶奶的身体越来越不好。她从前从食堂打回饼子，能一气走到家。现在不行了，走到歪脖柳树那儿就得歇一会。奶奶跟上了年纪的爷爷、奶奶们说：“只怕是过得了冬，过不得春呀。”萧胜知道这不是好话。这是一句骂牲口的话。“哎！看你这乏样儿！过得了冬过不得春！”果然，春天不好过。村里的老头老太太接二连三地死了。镇上有个木业生产合作社，原来打家具、修犁耙，都停了，改了打棺材。村外添了好些新坟，好些白幡。奶奶不行了，她浑身都肿。用手指按一按，老大一个坑，半天不起来。她求人写信叫儿子回来。

爸爸赶回来，奶奶已经咽了气了。

爸爸求木业社把奶奶屋里的躺柜改成一口棺材，把奶奶埋了。晚上，坐在奶奶的炕上流了一夜眼泪。

萧胜一生第一次经验什么是“死”。他知道“死”就是“没有”了。他没有奶奶了。他躺在枕头上，枕头上还有奶奶的头发的气味。他哭了。

奶奶给他做了两双鞋。做得了，说：“来试试！”——“等会儿！”吱溜，他跑了。萧胜醒来，光着脚把两双鞋都试了试。一双正合脚，一双大一些。他的赤脚接触了搪底布，感觉到奶奶纳的底线，他叫了一声“奶奶！”又哭了一气。

爸爸拜望了村里的长辈，把家里的东西收拾收拾，把一些能应用的锅碗瓢盆都装在一个大网篮里。把奶奶给萧胜做的两双鞋也装在网篮里。把两瓶动都没有动过的黄油也装在网篮里。锁了门，就带着萧胜上路了。

萧胜跟爸爸不熟。他跟奶奶过惯了。他起先不说话。他想家，想奶奶，想那棵歪脖柳树，想小三家的一对大白鹅，想蜻蜓，想蝈蝈，想挂大扁[2]飞起来格格地响，露出绿色硬翅膀底下的桃红色的翅膜……后来跟爸爸熟了。他是爸爸呀！他们坐了汽车，坐火车，后来又坐汽车。爸爸很好。爸爸老是引他说话，告诉他许多口外的事。他的话越来越多，问这问那。他对“口外”产生了很浓厚的兴趣。

2 挂大扁，即大尖头蜢。

他问爸爸啥叫“口外”。爸爸说“口外”就是张家口以外，又叫“坝上”。“为啥叫坝上？”他以为“坝”是一个水坝。爸爸说到了就知道了。

敢情“坝”是一溜大山。山顶齐齐的，倒像个坝。可是真大！汽车一个劲地往上爬。汽车爬得很累，好像气都喘不过来，不停地哼哼。上了大山，嘿，一片大平地！真是平呀！又平又大。像是擀过的一样。怎么可以这样平呢！汽车一上坝，就撒开欢了。它不哼哼了，“嘣——”一直往前开。一上了坝，气候忽然变了。坝下是夏天，一上坝就像秋天。忽然，就凉了。坝上坝下，刀切的一样。真平呀！远远有几个小山包，圆圆的。一棵树也没有。他的家乡有很多树。榆树，柳树，槐树。这是个什么地方！不长一棵树！就是一大片大平地，碧绿的，长满了草。有地。这地块真大。从这个小山包一匹布似的一直扯到了那个小山包。地块究竟有多大？爸爸告诉他：“有一个农民牵了一头母牛去犁地，犁了一趟，回来时候母牛带回来一个新下的小牛犊，已经三岁了！”

汽车到了一个叫沽源的县城，这是他们的最后一站。一辆牛车来接他们。这车的样子真可笑，车轱辘是两个木头饼子，还不怎么圆，骨碌碌，骨碌碌，往前滚。他仰面躺在牛车上，上面是一个很大的蓝天。牛车真慢，还没有他走得快。他有时下来掐两朵野花，走一截，又爬上车。

这地方的庄稼跟口里也不一样。没有高粱，也没有老玉米，种莜麦，胡麻。莜麦干净得很，好像用水洗过，梳过。胡麻打着把小蓝伞，秀秀气气，不像是庄稼，倒像是种着看的花。

喝，这一大片马兰！马兰他们家乡也有，可没有这里的高大。长齐大人的腰那么高，开着巴掌大的蓝蝴蝶一样的花。一眼望不到边。这一大片马兰！他这辈子也忘不了。他像是在一个梦里。

牛车走着走着。爸爸说："到了！"他坐起来一看，一大片马铃薯，都开着花，粉的、浅紫蓝的、白的，一眼望不到边，像是下了一场大雪。花雪随风摇摆着，他有点晕。不远有一排房子，土墙、玻璃窗。这就是爸爸工作的"马铃薯研究站"。土豆——山药蛋——马铃薯。马铃薯是学名，爸说的。

从房子里跑出来一个人。"妈妈——！"他一眼就认出来了！妈妈跑上来，把他一把抱了起来。

萧胜就要住在这里了，跟他的爸爸、妈妈住在一起了。奶奶要是一起来，多好。

萧胜的爸爸是学农业的，这几年老是干别的。奶奶问他："为什么总是把你调来调去的？"爸说："我好欺负。"马铃薯研究站别人都不愿来，嫌远。爸愿意。妈是学画画的，前几年老画两个娃娃拉不动的大萝卜啦，上面张个帆可以当做小船的豆菜啦。她也愿意跟爸爸一起来，画"马铃薯图谱"。

妈给他们端来饭。真正的玉米面饼子，两大碗粥。妈说这粥是草籽熬的。有点像小米，比小米小。绿盈盈的，挺稠，挺香。

还有一大盘鲫鱼，好大。爸说别处的鲫鱼很少有过一斤的，这儿“淖”里的鲫鱼有一斤二两的，鲫鱼吃草籽，长得肥。草籽熟了，风把草籽刮到淖里，鱼就吃草籽。萧胜吃得很饱。

爸说把萧胜接来有三个原因。一是奶奶死了，老家没有人了。二是萧胜该上学了，暑假后就到不远的一个完小去报名。三是这里吃得好一些。口外地广人稀，总好办一些。这里的自留地一个人有五亩！随便刨一块地就能种点东西。爸爸和妈妈就在“研究站”旁边开了一块地，种了山药，南瓜。山药开花了，南瓜长了骨朵了。用不了多久，就能吃了。

马铃薯研究站很清静，一共没有几个人。就是爸爸、妈妈，还有几个工人。工人都有家。站里就是萧胜一家。这地方，真安静。成天听不到声音，除了风吹莜麦穗子，沙沙地像下小雨；有时有小燕吱喳地叫。

爸爸每天戴个草帽下地跟工人一起去干活，锄山药。有时查资料，看书。妈一早起来到地里掐一大把山药花，一大把叶子，回来插在瓶子里，聚精会神地对着它看，一笔一笔地画。画的花和真的花一样！萧胜每天跟妈一同下地去，回来鞋和裤脚沾得都是露水。奶奶做的两双新鞋还没有上脚，妈把鞋和两瓶黄油都锁在柜子里。

白天没有事，他就到处去玩，去瞎跑。这地方大得很，没遮没挡，跑多远，一回头还能看到研究站的那排房子，迷不了路。他到草地里去看牛、看马、看羊。

他有时也去莳弄莳弄他家的南瓜、山药地。锄一锄，从机井里打半桶水浇浇。这不是为了玩。萧胜是等着要吃它们。他们家不起火，在大队食堂打饭，食堂里的饭越来越不好。草籽粥没有了，玉米面饼子也没有了。现在吃红高粱饼子，喝甜菜叶子做的汤。再下去大概还要坏。萧胜有点饿怕了。

他学会了采蘑菇。起先是妈妈带着他采了两回，后来，他自己也会了。下了雨，太阳一晒，空气潮乎乎的，闷闷的，蘑菇就出来了。蘑菇这玩意很怪，都长在"蘑菇圈"里。你低下头，侧着眼睛一看，草地上远远的有一圈草，颜色特别深，黑绿黑绿的，隐隐约约看到几个白点，那就是蘑菇圈。滴溜圆。蘑菇就长在这一圈深颜色的草里。圈里面没有，圈外面也没有。蘑菇圈是固定的。今年长，明年还长。哪里有蘑菇圈，老乡们都知道。

有一个蘑菇圈发了疯。它不停地长蘑菇，呼呼地长，三天三夜一个劲地长，好像是有鬼，看着都怕人。附近七八家都来采，用线穿起来，挂在房檐底下。家家都挂了三四串，挺老长的三四串。老乡们说，这个圈明年就不会再长蘑菇了，它死了。萧胜也采了好些。他兴奋极了，心里直跳。"好家伙！好家伙！这么多！这么多！"他发了财了。

他为什么这样兴奋？蘑菇是可以吃的呀！

他一边用线穿蘑菇，一边流出了眼泪。他想起奶奶，他要给奶奶送两串蘑菇去。他现在知道，奶奶是饿死的。人不是一下饿死的，是慢慢地饿死的。

食堂的红高粱饼子越来越不好吃，因为掺了糠。甜菜叶子汤也越来越不好喝，因为一点油也不放了。他恨这种掺糠的红高粱饼子，恨这种不放油的甜菜叶子汤！

他还是到处去玩，去瞎跑。

大队食堂外面忽然热闹起来。起先是拉了一牛车的羊砖来。他问爸爸这是什么，爸爸说："羊砖。"——"羊砖是啥？"——"羊粪压紧了，切成一块一块。"——"干啥用？"——"烧。"——"这能烧吗？"——"好烧着呢！火顶旺。"后来盘了个大灶。后来杀了十来只羊。萧胜站在旁边看杀羊。他还没有见过杀羊。嘿，一点血都流不到外面，完完整整就把一张羊皮剥下来了！

这是要干啥呢？

爸爸说，要开三级干部会。

"啥叫三级干部会？"

"等你长大了就知道了！"

三级干部会就是三级干部吃饭。

大队原来有两个食堂，南食堂，北食堂，当中隔一个院子，院子里还搭了个小棚，下雨天也可以两个食堂来回串。原来"社员"们分在两个食堂吃饭。开三级干部会，就都挤到北食堂来。南食堂空出来给开会干部用。

三级干部会开了三天，吃了三天饭。头一天中午，羊肉口蘑馅子蘸莜面。第二天炖肉大米饭。第三天，黄油烙饼。晚饭倒是马马虎虎的。

“社员”和“干部”同时开饭。社员在北食堂，干部在南食堂。北食堂还是红高粱饼子，甜菜叶子汤。北食堂的人闻到南食堂里飘过来的香味，就说：“羊肉口蘑啃子蘸莜面，好香好香！”“炖肉大米饭，好香好香！”“黄油烙饼，好香好香！”萧胜每天去打饭，也闻到南食堂的香味。羊肉、米饭，他倒不稀罕：他见过，也吃过。黄油烙饼他连闻都没闻过。是香，闻着这种香味，真想吃一口。

回家，吃着红高粱饼子，他问爸爸：“他们为什么吃黄油烙饼？”

“他们开会。”

“开会干吗吃黄油烙饼？”

“他们是干部。”

“干部为啥吃黄油烙饼？”

“哎呀！你问得太多了！吃你的红高粱饼子吧！”

正在咽着红饼子的萧胜的妈忽然站起来，把缸里的一点白面倒出来，又从柜子里取出一瓶奶奶没有动过的黄油，启开瓶盖，挖了一大块，抓了一把白糖，兑点起子，擀了两张黄油发面饼。抓了一把莜麦秸塞进灶火，烙熟了。黄油烙饼发出香味，和南食堂里的一样。妈把黄油烙饼放在萧胜面前，说：“吃吧，儿子，别问了。”

萧胜吃了两口，真好吃。他忽然咧开嘴痛哭起来，高叫了一声：“奶奶！”

妈妈的眼睛里都是泪。

爸爸说："别哭了，吃吧。"

萧胜一边流着一串一串的眼泪，一边吃黄油烙饼。他的眼泪流进了嘴里。黄油烙饼是甜的，眼泪是咸的。

蟹

xiè

梁实秋

右手持酒杯，

左手持蟹螯，

拍浮酒船中，

便足了一生矣！

蟹是美味，人人喜爱，无间南北，不分雅俗。当然我说的是河蟹，不是海蟹。在台湾有人专程飞到香港去吃大闸蟹。好多年前我的一位朋友从香港带回了一篓螃蟹，分飨我两只，得膏馋吻。蟹不一定要大闸的，秋高气爽的时节，大陆上任何湖沼溪流，岸边稻米高粱一熟，率多盛产螃蟹。在北平，在上海，小贩担着螃蟹满街吆唤。

七尖八团，七月里吃尖脐（雄），八月里吃团脐（雌），那是蟹正肥的季节。记得小时候在北平，每逢到了这个季节，家里总要大吃几顿，每人两只，一尖一团。照例通知长发送五斤花雕全家共饮。有蟹无酒，那是大煞风景的事。《晋书·毕卓传》："右手持酒杯，左手持蟹螯，拍浮酒船中，便足了一生矣！"我们虽然没有那样狂，也很觉得乐陶陶了。母亲对我们说，她小时候在杭州家里吃螃蟹，要慢条斯理，细吹细打，一点蟹肉都不能糟踏，食毕要把破碎的蟹壳放在戥子上称一下，看谁的一份儿分量轻，表示吃的最干净，有奖。我心粗气浮，没有耐心，蟹的小腿部分总是弃而不食，肚子部分囫囵略咬而已。每次食毕，母亲教我们到后院采择艾尖一大把，搓碎了洗手，去腥气。

在餐馆里吃"炒蟹肉"，南人称蟹粉，有肉有黄，免得自己剥壳，吃起来痛快，味道就差多了。西餐馆把蟹肉剥出来，填在蟹匡里烤，那种吃法别致，也索然寡味。食蟹而不失原味的唯一方法是放在笼屉里整只的蒸。在北平吃螃蟹唯一好去处是前门外肉市正阳楼。他家的蟹特大而肥，从天津运到北平的大批蟹，到车站开包，正阳楼先下手挑拣其中最肥大者，比普通摆在市场或摊贩手中者可以大一倍有余，我不知道他是怎样获得这一特权的。蟹到店中畜在大缸里，浇鸡蛋白催肥，一两天后才应客。我曾掀开缸盖看过，满缸的蛋白泡沫。食客每人一份小木槌小木垫，黄杨木制，旋床子定制的，小巧合用，敲敲打打，可免牙咬手剥之劳。我们因是老主顾，伙计送了我们好几副这样的工具。这个伙计还有一样绝活，能吃活蟹，请他表演他也不辞。他取来一只活蟹，两指掐住蟹匡，任它双螯乱舞，轻轻把脐掰开，咔嚓一声把蟹壳揭开，然后扯碎入口大嚼，看得人无不心惊。据他说味极美，想来也和吃炝活虾差不多。在正阳楼吃蟹，每客一尖一团足矣，然后补上一碟烤羊肉夹烧饼而食之，酒足饭饱。别忘了要一碗汆大甲，这碗汤妙趣无穷，高汤一碗煮沸，投下剥好了的蟹螯七八块，立即起锅注在碗内，撒上芫荽末、胡椒粉和切碎了的回锅老油条。除了这一味汆大甲，没有任何别的羹汤可以压得住这一餐饭的阵脚。以蒸蟹始，以大甲汤终，前后照应，犹如一篇起承转合的文章。

蟹黄蟹肉有许多种吃法，烧白菜，烧鱼唇，烧鱼翅，都可以。蟹黄烧卖则尤其可口，唯必须真有蟹黄蟹肉放在馅内才好，不是一两小块蟹黄摆在外面作样子的。蟹肉可以腌后收藏起来，是为蟹胥，俗名为蟹酱，这是我们古已有之的美味。《周礼·天官·庖人》注：“青州之蟹胥”。青州在山东，我在山东住过，却不曾吃过青州蟹胥，但是我有一家在芜湖的同学，他从家乡带了一小坛蟹酱给我。打开坛子，黄澄澄的蟹油一层，香气扑鼻。一碗阳春面，加进一两匙蟹酱，岂止是“清水变鸡汤”？

海蟹虽然味较差，但是个子粗大，肉多。从前我乘船路过烟台威海卫，停泊之后，舢板云集，大半是贩卖螃蟹和大虾的。都是煮熟了的。价钱便宜，买来就可以吃。虽然微有腥气，聊胜于无。生平吃海蟹最满意的一次，是在美国华盛顿州的安哲利斯港的码头附近，买得两只巨蟹，硕大无朋，从冰柜里取出，却十分新鲜，也是煮熟了的，一家人乘等候轮渡之便，在车上分而食之，味甚鲜美，和河蟹相比各有千秋，这一次的享受至今难忘。

陆放翁诗："磊落金盘荐糖蟹。"我不知道螃蟹可以加糖。可是古人记载确有其事。《清异录》："炀帝幸江州，吴中贡糖蟹。"《梦溪笔谈》："大业中，吴郡贡蜜蟹二千头……大抵南人嗜咸，北有嗜甘，鱼蟹加糖蜜，盖便于北俗也。"

如今北人没有这种风俗，至少我没有吃过甜螃蟹，我只吃过南人的醉蟹，真咸！螃蟹蘸姜醋，是标准的吃法，常有人在醋里加糖，变成酸甜的味道，怪！

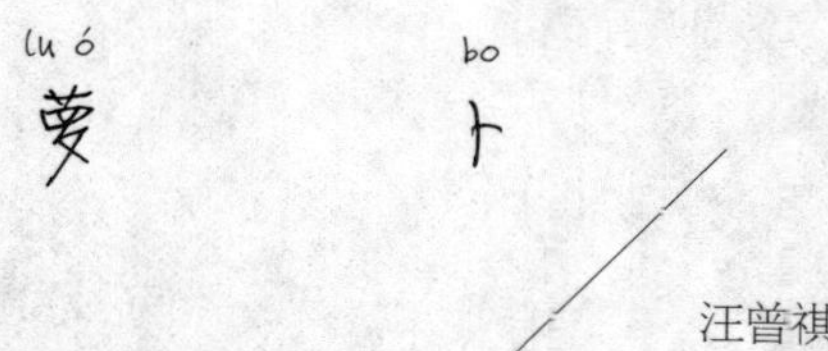

萝卜原产中国，所以中国的为最好。

有春萝卜、夏萝卜、秋萝卜、冬萝卜、四季萝卜，一年到头都有。可生食、煮食、腌制。

萝卜所惠于中国人者亦大矣。

扬花萝卜即北京的小水萝卜。因为是扬花飞舞时上市卖的，我的家乡名之曰："扬花萝卜"。这个名称很富于季节感。我家不远处的街口一家茶食店的屋下有一岁数大的女人摆一个小摊子，卖供孩子食用的便宜的零吃。扬花萝卜下来的时候，卖萝卜。萝卜一把一把地码着。她不时用炊帚洒一点水，萝卜总是鲜红的。给她一个铜板，她就用小刀切下三四根萝卜。萝卜极鲜嫩，有甜味，富水分。自离家乡后，我没有吃过这样好吃的萝卜。或者不如说自我长大后没有吃过这样好吃的萝卜。小时候吃的东西都是最好吃的。

除了生嚼，扬花萝卜也能拌萝卜丝。萝卜斜切的薄片，再切为细丝，加酱油、醋、香油略拌，撒一点青蒜，极开胃。小孩子的顺口溜唱道：

人之初，
鼻涕拖。
油炒饭，
拌萝菠[3]。

油炒饭加一点葱花，在农村算是美食，所以拌萝卜丝一碟，吃起来是很香的。

萝卜丝与细切的海蜇皮同拌，在我的家乡是上酒席的，与香干拌荠菜、盐水虾、松花蛋同为凉碟。

北京的拍水萝卜也不错，但宜少入白糖。

北京人用水萝卜切片，汆羊肉汤，味鲜而清淡。

烧小萝卜，来北京前我没有吃过（我的家乡扬花萝卜没有熟吃的），很好。有一位台湾女作家来北京，要我亲自做一顿饭请她吃。我给她做了几个菜，其中一个是烧小萝卜。她吃了赞不绝口。那当然是不难吃的：那两天正是小萝卜最好吃的时候，都长

3　作者的家乡称萝卜为萝菠。

足了，但还很嫩，不糠；而且是用干贝烧的。她说台湾没有这种水萝卜。

我们家乡有一种穿心红萝卜，粗如黄酒盏，长可三四寸，外皮深紫红色，里面的肉有放射形的紫红纹，紫白相间，若是横切开来，正如中药里的槟榔片（卖时都是直切），当中一线贯通，色极深，故名穿心红。卖穿心红萝卜的挑担，与山芋（红薯）同卖，山芋切厚片。都是生吃。

紫萝卜不大，大的如一个大衣扣子，扁圆形，皮色乌紫。据说这是五倍子染的。看来不是本色。因为它掉色，吃了，嘴唇牙肉也是乌紫乌紫的。里面的肉却是嫩白的。这种萝卜非本地所产，产在泰州。每年秋末，就有泰州人来卖紫萝卜，都是女的，挎一个柳条篮子，沿街吆喝："紫萝——卜！"

我在淮安第一回吃到青萝卜。曾在淮安中学借读过一个学期，一到星期日，就买了七八个青萝卜，一堆花生，几个同学，尽情吃一顿。后来我到天津吃过青萝卜，觉得淮安青萝卜比天津的好。大抵一种东西第一回吃，总是最好的。

天津吃萝卜是一种风气。50年代初，我到天津，一个同学的父亲请我们到天华景听曲艺。座位之前有一溜长案，摆得满满的，除了茶壶茶碗，瓜子花生米碟子，还有几大盘切成薄片的青萝卜。听"玩艺儿"吃萝卜，此风为别处所无。天津谚云："吃了萝卜喝热茶，气得大夫满街爬。"吃萝卜喝茶，此风别处所无。

心里美萝卜是北京特色。1948年冬天，我到了北京，街头巷尾，每听到吆喝："哎——萝卜，赛梨来——辣来换……"声音高亮辽远。看来在北京做小买卖的，都得有条好嗓子。卖"萝卜赛梨"的，萝卜都是一个一个挑选过的，用手指头一弹，当当的；一刀切下去，咔嚓嚓的响。

我在张家口沙岭子劳动，曾参加过收心里美萝卜。张家口土质于萝卜相宜，心里美皆甚大。收萝卜时是可以随便吃的。和我收萝卜的农业工人取出一个萝卜，看一看，不怎么样的，随手就扔进大堆。一看，这个不错，往地下一扔，叭嚓，裂成了几瓣，"行！"于是各拿着一块啃起来，甜，脆，多汁，难以名状。他们说："吃萝卜，讲究吃'棒打萝卜'。"

张家口的白萝卜也很大。我参加过张家口地区农业展览会的布置工作，送展的白萝卜都特大。白萝卜有象牙白和露八分。露八分即八分露出土面，露出土面部分外皮淡绿色。

我的家乡无此大萝卜，只是粗如小儿手臂而已。家乡吃萝卜只是红烧，或素烧，或与臀尖肉同烧。

江南人特重白萝卜炖汤，常与排骨或猪肉同炖。白萝卜耐久炖，久则出味。或入淡菜，味尤厚。沙汀《淘金记》写彭尊三每天用牙巴骨炖白萝卜，吃得一家脸上都是油光光的。天天吃是不行的，隔几天吃一次，想亦不恶。

四川人用白萝卜炖牛肉，甚佳。

扬州人、广东人制萝卜丝饼，极妙。北京东华门大街曾有外地人制萝卜丝饼，生意极好。此人后来不见了。

北京人炒萝卜条，是家常下饭菜。或入酱炒，则为南方人所不喜。

白萝卜最能消食通气。我们在湖南体验生活，有位领导同志，接连五天大便不通，吃了各种药都不见效，憋得他难受得不行。后来生吃了几个大白萝卜，一下子畅通了。奇效如此，若非亲见，很难相信。

萝卜是腌制咸菜的重要原料。我们那里，几乎家家都要腌萝卜干。腌萝卜干的是大红萝卜。切萝卜时全家大小一起动手。孩子切萝卜，觉得这个一定很甜，尝一瓣，甜，就放在一边，自己吃。切一天萝卜，每个孩子肚子里都装了不少。萝卜干盐渍后须在芦席上摊晒，水汽干后，入缸，压紧，封实，一两个月后取食。我们那里说在商店学徒（学生意）要“吃三年萝卜干饭”，意谓油水少也。学徒不到三年零一节，不满师，吃饭须自觉，筷子不能往荤菜盘里伸。

扬州一带酱园里卖萝卜头，乃甜面酱所腌，口感甚佳。孩子们爱吃，一半也因为它的形状很好玩，圆圆的，比一个鸽子蛋略大。此北地所无，天源、六必居都没有。

北京有小酱萝卜，佐粥甚佳。大腌萝卜咸得发苦，不好吃。

四川泡菜什么萝卜都可以泡，红萝卜、白萝卜。

湖南桑植卖泡萝卜。走几步，就有个卖泡萝卜的摊子。萝卜切成大片，泡在广口玻璃瓶里，给毛把钱即可得一片，边走边吃。峨眉山道边也有卖泡萝卜的，一面涂了一层稀酱。

萝卜原产中国，所以中国的为最好。有春萝卜、夏萝卜、秋萝卜、冬萝卜、四季萝卜，一年到头都有。可生食、煮食、腌制。萝卜所惠于中国人者亦大矣。美国有小红萝卜，大如元宵，皮色鲜红可爱，吃起来则淡而无味。异域得此，聊胜于无。爱伦堡小说写几个艺术家吃奶油蘸萝卜，喝伏特加，不知是不是这种红心萝卜。我在爱荷华南朝鲜人开的菜铺的仓库看到一堆心里美，大喜。买回来一吃，味道满不对，形似而已。日本人爱吃萝卜，好像是煮熟蘸酱吃的。

ǒu yǔ chún cài

藕与莼菜

叶圣陶

在故乡的春天，几乎天天吃莼菜。

莼菜本身没有味道，味道全在于好的汤。

但这样嫩绿的颜色与丰富的诗意，无味之味真足令人心醉。

同朋友喝酒，嚼着薄片的雪藕，忽然怀念起故乡来了。若在故乡，每当新秋的早晨，门前经过许多的乡人：男的紫赤的臂膊和小腿肌肉突起，躯干高大且挺直，使人起健康的感觉；女的往往裹着白底青花的头巾，虽然赤脚，却穿短短的夏布裙，躯干固然不及男的这样高，但是别有一种健康的美的风致；他们各挑着一副担子，盛着鲜嫩玉色的长节

的藕。在产藕的池塘里，在城外曲曲弯弯的小河边，他们把这些藕一再洗濯，所以这样洁白。仿佛他们以为这是供人品味的珍品，这是清晨的画境里的重要题材，倘若涂满污泥，就把人家欣赏的浑凝之感打破了；这是一件罪过的事，他们不愿意担在身上，故而先把它们濯得这样洁白了，才挑进城里来。他们要稍稍休息的时候，就把竹担横在地上，自己坐在上面，随便拣择担里的过嫩的“藕枪”或是较老的“藕朴”，大口地嚼着解渴。过路的人就站住了，红衣衫的小姑娘拣一节，白头发的老公公买两支，清淡的甘美的滋味于是普遍于家家户户了。这种情形差不多是平常的日课，要到叶落秋深的时候。

在上海，藕这东西几乎是珍品了。大概也是从我们的故乡运来的。但是数量不多，自有那些伺候豪华公子硕腹巨贾的帮闲茶房们把大部分抢去了；其余的便要供在较大一点的水果铺里，位置在金山苹果吕宋香芒之间，专待善价而沽。至于挑着担子在街上叫卖的，也并不是没有，但不是瘦得像乞丐的臂和腿，便涩得像未熟的柿子，实在无从欣羡。因此，除了仅有的一回，我们今年竟不曾吃过藕。

这仅有的一回不是买来吃的，是邻舍送给我们吃的。他们也不是自己买的，是从故乡来的亲戚带来的。这藕离开它的家乡大约有好些时候了，所以不复呈玉样的颜色，却满披着许多锈斑。削去皮的时候，刀锋过处，很不顺爽。切成片送入口里嚼着，有些儿甘味，但没有一种鲜嫩的感觉，而且似乎含了满口的渣，第二片就不想吃了。只有孩子很高兴，他把这许多片嚼完，居然有半点钟工夫不再作别的要求。

因为想起了藕就联想到莼菜。在故乡的春天，几乎天天吃莼菜。莼菜本身没有味道，味道全在于好的汤。但这样嫩绿的颜色与丰富的诗意，无味之味真足令人心醉。在每条街旁的小河里，石埠头总歇着一两条没篷船，满舱盛着莼菜，是从太湖里捞来的。像这样就地取求很方便，当然能得日餐一碗了。

而在上海又不然，非上馆子就难以吃到这东西。我们当然不上馆子，偶然有一两回去叨扰朋友的酒席，恰又不是莼菜上市的时候，所以今年竟不曾吃过。直到最近，伯祥的杭州亲戚来了，送他几瓶装瓶的西湖莼菜，他送给我一瓶，我才算也尝了新。

向来不恋故乡的我，想到这里，觉得故乡可爱极了。我自己也不明白，为什么会起这么深浓的情绪？再一思索，实在很浅显的：因为在故乡有所恋，而所恋又只在故乡有，就牵系着不能割舍了。譬如亲密的家人在那里，知心的朋友在那里，怎得不恋恋？怎得不怀念？但是仅仅为了爱故乡吗？不是的，不过在故乡的几个人把我们牵着罢了。若无所牵系，更何所恋念？像我现在，偶然被藕与莼菜所牵系，所以就怀念起故乡来了。

所恋在哪里，哪里就是我们的故乡了。

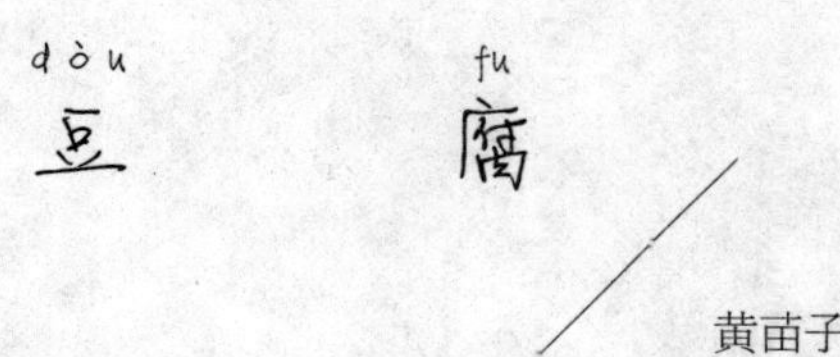

胃和舌头都是不易满足的家伙，它们仍然要求大豆更易消化和更适口些，于是豆腐这一种东西的发明，不能不说是先代人民留给我们的一份珍贵遗产。

对自己祖国和家乡的爱恋，常常会寄托在一些十分平凡的日常事务中，这是很自然的。一位湖南朋友告诉我：他有一位旅居美国三十多年的长沙亲戚，非常想念他从前在长沙雨天穿的高齿木屐，要求我的这位朋友千方百计给他寄一双去。旅居日本的广东省中山县的侨胞，常常写信给中山故乡的亲属要求寄点中山特有的食物“咸虾”和“榄豉”。有一位从伦敦回来的旅英学者同我谈起：一天晚上，他们几家去英国多年的华侨在一起聊天，偶然说起豆腐，大家渐渐地由豆腐的营养谈到吃法。来自不同省份的男女侨胞，便都争着描述他们家乡豆腐各种诱人的美味。那位学者说："这一晚的谈天勾起了大家一种说不出的亲切之情，看来豆腐这种东西是掺和了中国人某些共同的感情因素来做成的。"

夏天，饭桌上放一盘凉拌豆腐会增进你的食欲；而冬天，炉子上炖一锅喷香烫热的"冻豆腐"，你也不会否认它对你的诱惑力。

如果你贪喝两杯，那么豆腐更是你离不开的伙伴儿。

"一斤绍酒。——菜？十个油豆腐，辣酱要多！"

读过鲁迅先生《在酒楼上》的人，都会回味着这句话。其实，油豆腐固然是江南特色，而豆腐干在酒铺里面更是普遍的下酒之物。走遍任何一个大小市镇的酒馆子，你都可以得到美味的豆腐干。

豆浆，和我国大部分地区的人们是如此普遍地关联着，早上办公以前，先上豆浆店喝一碗"热浆"是北京机关干部的习惯，因此有人说，"开门七件事"应加上一件重要的第八件："浆"。豆浆和豆腐，同样是物美价廉的大众化营养食料。

煮好的豆浆变成豆腐，一般是加上一点石膏或盐卤就能使它凝固为豆腐脑（南方称为"豆腐花"）。再把豆腐脑的水分压去，就成为整块的豆腐。在北方，最香嫩的豆腐叫作"南豆腐"，是用大豆放在石磨上磨制的。一般的豆腐则是用榨过油的豆饼做原料。

豆腐要达到滑嫩清香，和水也有很大关系，有经验的人认为，天下泉水出名的地方，往往也出产味美的豆腐。

如果给豆腐的家族编一份家谱，它的支派是可观的；大豆（黄豆、黑豆）是它的祖宗。大豆制成豆浆，产生了豆腐和腐皮（腐皮是豆浆煮热时凝结在上面的表皮，晒干了出售，就是佐餐的美味腐竹）。豆腐经过加工成为豆腐干、千张、油豆腐（也叫作豆腐泡）、酱豆腐、腐乳……单是一种豆腐干，也因地域习惯不同、配料不同、制法不同，就产生出各地区各品种的特殊风味。

全国的豆腐，大约可以有千种以上的制法。

豆腐相传是两千年前汉代的淮南王刘安发明的。刘安是个喜欢讲究神仙道术的贵族，养了许多方士，豆腐的发明是否和方士们研究长生方药有关，还有待于科学史家的考证。但豆腐古代叫作"菽乳"，因为汉以前称豆为菽，可能豆腐流传民间，比刘安的时代还早些。宋、元时代有些地方叫豆腐作"来其"或"黎祁"，陆放翁诗就有"洗釜煮黎祁"那句话，不知现在还有地方保存这一古词否？

因为豆腐是廉价的食物，所以向来不被视为"珍馐"之列。在文字上夸奖豆腐的好处的，有元代的"道园先生"虞集，他写过一篇《豆腐三德赞》。清代袁枚的《随园食单》用山珍海味给豆腐做配料，则未免把豆腐"贵族化"了！

小时候听长辈谈过清代的学台老师（负责监督一县秀才生员的小官）生活清苦，但秀才们都很怕他。有一位学台老师曾经在门外贴了一副对联，给自己开玩笑："极恶元凶，随棍打板子八百；穷奢极侈，连篮买豆腐三斤。"这副对子恰和传说中某贫士十分豪迈的那两句诗："大烹豆腐、茄、瓜、菜；高会山妻、儿、女、孙！"同样是以豆腐来表现清苦俭朴生活的。当然，在旧中国，连豆腐都吃不起的人也还不少。

宋代理学大儒朱熹，是著名的迂夫子。传说他有一天曾把做豆腐用的豆、水及其他原料的分量用秤子称了一下，再把做好的豆腐称过，他发现制成的豆腐比未成品分量重了，讲究"格物"的朱老先生想不出这个原因，就索性从此不吃豆腐。这个笑话也许是编出来挖苦这位历史上著名的道学先生的。

我国大豆产量丰富，是价钱便宜的杂粮，也是营养丰富的食料。科学家告诉我们：一斤干大豆含有六两蛋白质和三两植物油！此外，它也提供了铁质、钙质和乙种维生素，这些都是人类身体日常必需的营养资料。大豆含有这样多的植物蛋白，对于人们的肌肉、脏腑、神经、血液、内分泌等都有补益。

可是胃和舌头都是不易满足的家伙，它们仍然要求大豆更易消化和更适口些，于是豆腐这一种东西的发明，不能不说是先代人民留给我们的一份珍贵遗产。

一位朋友是清代著名古文家桐城方望溪先生的后代。谈起豆腐，他就眉飞色舞地把他们桐城特产"娇豆腐"来描述一番，

“娇豆腐”又名“水豆腐”，略如北京的“豆腐脑”，而香嫩过之。买卖时以铜勺舀取，根本不能成坯，的确当得起一个“娇”字。娇豆腐最简单的吃法，只是用酱油汤烹一下就可以了。在桐城，几乎家家户户都视为佐餐的美味。他还记得有人写过几十首《桐城好》词，其中一首就是咏娇豆腐的：

桐城好，

豆腐十分娇。

把足酱油姜汁拌，

煎些虾米火锅熬，

人喝两三瓢。

朋友讲到这里，我插口说：“妙呀，人们都知道文学史上出现过桐城派，却不料豆腐也出现了‘桐城派’。”但是不明白如此名贵的桐城娇豆腐，是否与淮南王刘安的传统有关系。

在县城里，小巷的秋凉之夜，常有纸做的风灯随着担子摇摇晃晃地自远而近，挑担人用悠远而低沉的调子喊出：“豆——腐。”

作为一个中国人或者一个东方人，这种景色是会引起你心头的一种特殊滋味的；原因它不单是叫你想到那香滑温清的味道，而更容易使你感觉到所谓“乡土之情”以及生活的多彩。

róng chéng fó tiào qiáng

榕城佛跳墙

费孝通

群众心目中可爱之人正是这种心胸旷达，肠腑热烈，不装模作样、口是心非，说真话、办好事的和尚。“佛跳墙”一名带来的意境正是这种味道，于是不胫而走。

“佛跳墙”是福州传统名菜。榕城是福州别号。我这次去福州，住西湖宾馆，初次品尝到这道名不虚传的佳肴。席间上菜时，服务员在我座前轻轻安放了一个形色古雅、精致，仿造酒坛的瓷樽。出于好奇，不等主人劝酒，我已动手把这小酒坛的盖子掀开，里面还封上一层荷叶。随手启封时，一阵淡淡的略带一点家乡绍兴酒香的不寻常的美味扑鼻而来。略舀半匙，一看是一块一块认不清是什么的细片，连汤入口，鲜美别致，另有风味，不忍含糊下咽。

这道名菜，据说是福州百年老店“聚春园”的领牌首席菜肴，久已驰名闽中。近因五年前美国里根总统在北京钓鱼台国宾馆宴席上赞赏了特地从福州请去的特级厨师调制的这道菜，而名声大振。这道菜其实是集山珍海味于一坛的大杂拌，要用鱼翅、海参、鸡、鸭、干贝、香菇、鲍鱼、笋尖、鸽蛋等三十多种原料和配料，经过精选剖切，更番蒸发加工，分层纳入坛内，加上恰到好处的绍兴酒，层层密封后，用文火煨制而成。经过这道工序，此菜品尝起来，醇香浓郁，烂而不腐；色调瑰丽，清而不腻；唇齿留芳，余味无穷。

尝到这样的超级名肴，自然要问它的名称是什么。拿起菜单一看，带头就是“佛跳墙”三字。这个名称取得不俗，也未免有点奇特。于是引起了席间的评论和评说，幽默热烈，增加了品尝的气氛。

议论起初集中于这道菜的起源。以此菜出名的聚春园，当然要争这个创制权，即使并不能专利，但首创的名声也不能让人。所以在聚春园的简介中有姓有名地说是百年前的创办人郑春发的杰作。聚春园把这道菜作为保留节目，而且适应时势，不断改进。那是因为原材料随时可以增减、更易，甚至全部翻新。听说赵朴老来福州，就吃到了十足是素食的佛跳墙。佛跳墙也就化成了汇集众鲜的一种烹饪程式了。

民间对于这个发明权归于某一个人或某一家菜馆似乎不太服气，于是出现了种种传说。最简捷了当的传说是把这个名肴的发明权归于吃不饱饭的乞丐。他们到了晚上把从各家饭馆里要来的残羹剩菜，统统倒在一个破瓦罐里，在街巷角落里煮热了下肚。一天饭店老板夜出，偶然闻到这街头异味，看到这群乞丐正在大吃大嚼。他过去一问究竟，发现这股香味原来是由于饭店里的堂倌在这次收拾台面时，把客人留在杯子里的余酒一并倒进了剩菜里，经过这一番折腾，发出了不同凡众的香味。饭店老板是识货的老手，立刻抓住这个烹饪妙法，回店来如法炮制，送上了菜馆的桌面。

这个传说在源头上补充了聚春园的掌故，但把创作权移交给了一般认为邋遢、污秽、不登大雅之堂的乞丐手里。不论他们的发明怎么高明，似乎总有点出身微贱，攀登不上盛宴华席。于是又有人编出了个传说，把这道菜联上了福州的婚俗。福州传统的婚礼中有个规矩叫"试厨"。按这个规矩，新娶来的媳妇上门第二天回门，第三天得到夫家下厨，表演一下烹饪本领，在诸亲众朋会宴的席面上露一手。这是一个妇女一生中的重大考试，分数高低有关她一生在夫家的地位。

传说是有个从小娇生惯养的姑娘，在家一切依赖父母，食来张口，从不下厨。但她长大了免不了也要出嫁。出嫁就得经过这个考试。可是她根本没有这项训练，怎么办呢？这时她的妈妈才明白自己宠坏了女儿，考不及格，会害了女儿一生。试厨的日期到了，这真急煞了她的妈妈，她想只有“捉刀”一法了。她连夜把家里所藏的山珍海味都翻腾出来，一一清理剖切成小块，用荷叶分别包好，装了一大包偷偷地塞在女儿的手袋里。女儿上轿回夫家时还要再三叮嘱，这道菜怎样下锅，那道菜怎样加料。这位新娘却一句也没有听懂。

这位新娘回到夫家，到了临晚才到厨房里，把妈妈给她准备好的山珍海味，一包包解开，堆满了一桌子。两眼乱转，从何下手呢？正在无计可想时，听得厨房外似乎有人要进来。她发急了，刚好桌边有个酒坛子。坛子里的剩酒来不及倾倒出来，就一口气把桌上一堆堆的东西，一裹儿向坛子里塞。塞完了，顺手把包菜的荷叶把坛口封住，盖上盖。再向灶里一看，余火未灭。她就把那个酒坛塞了进去。转念一想，这可坏了，下一天的酒席上怎样蒙混得过呢？敷衍过婆婆，自己又悄悄地溜回娘家去了。

过了一晚，正是试厨的日子，宾客一早都到齐了，久久却不见媳妇下厨。婆婆发急了，到厨下一看，桌上空空，只在灶里发现了一个酒坛。她刚把坛盖掀开，透过荷叶腾出一阵香味。这香味很快送满全堂。堂上的宾客齐声叫好——传说到此为止。宾客怎样急着品尝，婆婆怎样转怒为喜，新媳妇怎样从娘家当作烹饪能手接回来，都没有交代，我也不便捏造了。

这个传说颇有喜剧意味，不失民间风格。而且把这道菜的准备过程留给媳妇的妈妈去做，加上为了让女儿过关心切，把家藏的山珍海味全盘抛出，也点明了这道菜的材料样多质高的来由。不经这位下厨老手的炮制，这道菜的全部工序就不会完成得妥帖，成果自然不能完善。这个传说妙是妙在把用酒坛装菜的原因也编了进去。乞丐传说里就缺了这个说明。用酒坛装菜是这道菜的特点，至今还要用仿制小酒坛上桌。而且也突出了在菜里用适度的绍兴酒做配料引起异香扑鼻的特技。这个传说把这道菜的创制说成是事出偶然，是新媳妇慌乱中失措的结果。利用传统习俗做基础，故事发展似乎很近人情，而且带一点幽默。拙妇出巧工，更含有深刻的哲理。传说毕竟是传说，反映了群众的情意，大可不必深究。但是也得指出上述这些传说有个缺点就是都没有和“佛跳墙”这个菜名挂上钩。乞丐也好，拙妇也好，和佛何干？

菜肴不能无名，尤其是在菜馆里，总得要客人点菜，没有个菜名，如何点法呢？菜名又必须和这道菜的特点有关。这道用二十多种材料混合烩成的大杂拌总得有个好名称。我想这一定伤过菜馆老板的脑筋。据说此菜在聚春园一家就有过三个名称，其一就是现在通行的“佛跳墙”，其二是“福寿全”，其三是“坛烧八宝”。这几个菜名的演变又引起了席上的不同看法。在我看来，这三个名称的次序应当颠倒过来。

“坛烧八宝”似乎应当是菜馆初用的名称，因为它是朴实地平铺直叙，说明这是一道由多种原材料煮成装在坛里上桌的菜。坛烧不一定是在酒坛里煨制的，“八”也只是指多的意思。这也符合普通的菜肴提名法，有如“白菜炒肉丝”“辣子鸡丁”等等。可是一个出名的菜馆却不能没有几道看家名菜压场扬名，这些名菜就得取些好听的名称。“福寿全”这个名字大概就是这道菜被达官贵人赏识之后，作为菜馆首席菜肴的时候提出来的。

从“坛烧八宝”到“福寿全”也许和有关这菜的一段“野史”有关。野史的根据我没有去查，只听说在光绪末年，福建官钱局的一次宴会上有一道主菜就是集多种珍品烩制成的一个大品锅。当时福州按司周莲食后叹平生未曾尝过如此的佳肴美味。他打听到这道菜是出于官钱局的某一位执事的内眷之手。于是就找个机会委托官钱局主持一次宴会，并派了厨师郑春发前往协助。郑春发就乘机窃取了此菜的技艺。他后来成了聚春园的老板。

这段野史，有名有姓，周莲确有其人，当时以能诗善饮出名。但有关此道菜的发明权却归于某执事的内眷，和“新媳妇试厨”的传说相通，都是民间起源论。郑春发后来确是聚春园的老板，所以当聚春园用这道菜挂头牌时，势必为它取个像样的菜名，要在官场里叫得响，“福寿全”三个字很合适。

一道源出于民间的名菜，一旦进入官府，披上了堂皇体面、道貌岸然的菜名，群众是不会心服的。可巧“福寿全”三字用福州口音发音时却和“佛跳墙”很接近。于是有些秀才先生就用此来耍聪明了。据说有一帮秀才来聚春园点名要吃“福寿全”。酒过一巡，有人提议赋诗助兴。其中有一个人即席口吟：“坛启荤香飘四邻，佛闻弃禅跳墙来。”意思是这道菜香味太引人，连佛门弟子都动了凡心，实即是“菜香非凡”而已。而佛跳墙一词又正符合民间的想象力。这和群众喜爱鲁智深和济公又出于同一种心情。电影《少林寺》中还有“酒肉穿肠过”无损佛门修道的镜头。群众心目中可爱之人正是这种心胸旷达，肠腑热烈，不装模作样、口是心非，说真话、办好事的和尚。“佛跳墙”一名带来的意境正是这种味道，于是不胫而走。不但聚春园为了吸引食客，此菜还得弃雅从俗，定下了“佛跳墙”之名，其他菜馆也紧跟不舍。

必须声明：我这里所叙述有关这菜名的演变过程，并没有可靠的事实证据，只能凭想象得来，不足为证。至于有人说，这名是否对佛门不敬，我想只要有一点道行的僧徒绝不会介意。门即是空，何来墙跳？而且即使跳了墙，也没有说他犯了吃荤的戒律，何况现在已有全素的“佛跳墙”了呢？善哉，善哉。

chūn bǐng
春饼

舒乙

春饼的妙处在于它的综合效应。

表面上是混合物，八样东西，放在薄饼里，一裹，吃起来居然味道全变，神了。

春饼是北京吃食中最好吃的一种，我们全家一直都这么认为，吃起来简直没有够，年年做，年年吃，年年夸。

春饼的妙处在于它的综合效应。

春饼表面上是混合物，八样东西，放在薄饼里，一裹，吃起来居然味道全变，神了。

这是春饼的非凡之处。

裹在一起吃的东西，种类多

得很。山东的烙饼卷大葱，天津的煎饼卷摊鸡蛋，外国的三明治、热狗……比比皆是，但都没有北京春饼那样的效果。上述这些裹着吃的确实都是混合物，是一加一等于二。

只有春饼不是，春饼仿佛是综合物，或者是络合物，春饼是乘方，而且不是二次方三次方，简直是九次方。

总之，八样东西分别放入，夹在饼里，味道立刻大变，香得出奇，令人胃口大开。

确实是一大发明，人们不能不为北京古人的聪明而折服。

还有一条必须指出，春饼里全是最普通的食品，极富平民性。

春饼是老百姓的。它不贵，它便宜。

它不沾海鲜，不沾山珍，甚至不沾鸡、鸭、鱼。

想吃春饼，不需特别采购，原料在任何等级的菜市场里唾手可得。花费不多。

想吃春饼，也不要特别的烹饪技巧，会一般地炒炒菜，摊个鸡蛋，足矣，见习主妇或见习主男均可胜任。

所以，以前在任何饭馆里都吃不到春饼。在大师傅眼里，它太简单；在老板眼里，它不赚钱。要吃，只能在家里做，家里吃。

嘿，这偏偏是它的另一优点，叫作家庭性。

北京人请外国人吃饭，第一选择就是在家里吃春饼，保证满堂彩，我家试验了许多回，回回成功，大获全胜，久经考验。

春饼，春饼，顾名思义，是春天吃的，有季节性；过去，春天才刚有菠菜和韭菜上市，冬天没有。

现在，几乎四季都可以吃，什么时候馋了，什么时候做，由于有暖棚的蔬菜，现在春饼可以变夏饼、秋饼、冬饼，全年候。

父亲是立春诞生的，他的名字叫“庆春”。我家小妹也是立春诞生的，她的名字叫“立”。

春饼是他们两人的生日诞食，必备，除了一小碗寿面之外，春饼是绝对的主角。

年复一年，于是，吃春饼就成了我家的优良传统。而且，不管什么时候，生日不生日，菜单中排头一名的，必然是它；家中请客，一定也是首选。

近年，北京个别饭馆里出现了春饼，尝过几次，太糟，一点传统没有，菜既不够八样，品种也不对，全不对味儿，糟蹋了，唉！

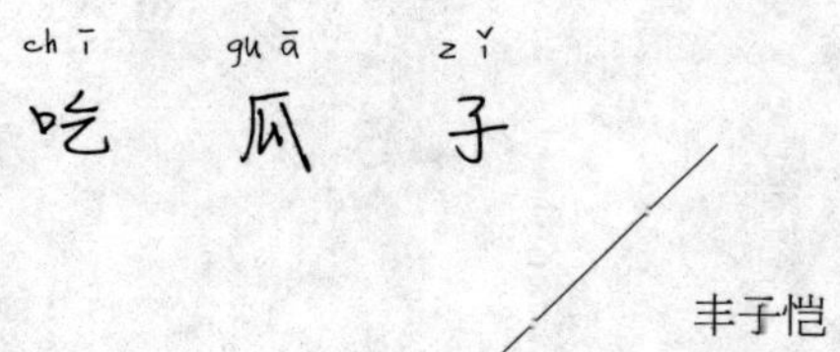

要“消磨岁月”，

除了抽鸦片以外，

没有比吃瓜子更好的方法了。

从前听人说：中国人人人具有三种博士的资格：拿筷子博士、吹煤头纸博士、吃瓜子博士。

拿筷子，吹煤头纸，吃瓜子，的确是中国人独得的技术。其纯熟深造，想起了可以使人吃惊。这里精通拿筷子法的人，有了一双筷，可抵刀锯叉瓢一切器具之用，爬罗剔抉，无所不精。这两根毛竹仿佛是身体上的一部分，手指的延长，或者一对取食的触手。用时好像变戏法者的一种演技，熟能生巧，巧极通神。不必说西洋了，就是我们自己看了，也可惊叹。至于精通吹煤头纸法的人，首推几位一天到晚捧水烟筒的老先生和老太太。他们的“要有火”比上帝还容易，只消向煤头纸上轻轻一吹，火便来了。他们不必出数元乃至数十元的代价去买打火机，只要有一张纸，便可临时在膝上卷起煤头纸来，向铜火炉盖的小孔内一插，拔出来一吹，火便来了。我小时候看见我们染坊店里的管账先生，有种种吹煤头纸的特技。我把煤头纸高举在他的额旁边了，他会把下唇伸出来，使风向上吹；我把煤头纸放在他的胸前了，他会把上唇伸出来，使风向下吹；我把煤头纸放在他的耳旁了，他会把嘴歪转来，使风向左右吹；我用手按住了他的嘴，他会用鼻孔吹，都是吹一两下就着火的。中国人对于吹煤头纸技术造诣之深，于此可以窥见。所可惜者，自从卷烟和火柴输入中国而盛行之后，水烟这种“国烟”竟被冷落，吹煤头纸这种“国技”也很不发达了。生长在都会里的小孩子，有的竟不会吹，或者连煤头纸这东西也不曾见过。在努力保存国粹的人看来，这也是一种可虑的现象。近来国内有不少人努力于国粹保存。国医、国药、国术、国乐，都有人在那里提倡。也许水烟和煤头纸这种国粹，将来也有人起来提倡，使之复兴。

但我以为这三种技术中最进步最发达的，要算吃瓜子。近来瓜子大王的畅销，便是其老大的证据。据关心此事的人说，瓜子大王一类的装纸袋的瓜子，最近市上流行的有许多牌子。最初是某大药房“用科学方法”创制的，后来有什么“好吃来公司”“顶好吃公司”……种种出品陆续产出。到现在差不多无论哪个穷乡僻处的糖食摊上，都有纸袋装的瓜子陈列而倾销着了。现代中国人的精通吃瓜子术，由此盖可想见。我对于此道，一向非常短拙，说出来有伤于中国人的体面，但对自家人不妨谈谈。我从来不曾自动地找求或买瓜子来吃。但到人家做客，受人劝诱时：或者在酒席上、杭州的茶楼上，看见桌上现成放着瓜子盆时，也便拿起来咬。我必须注意选择，选那较大、较厚、而形状平整的瓜子，放进口里，用臼齿“格”地一咬；再吐出来，用手指去剥。幸而咬得恰好，两瓣瓜子壳各向两旁扩张而破裂，瓜仁没有咬碎，剥起来就较为省力。若用力不得其法，两瓣瓜子壳和瓜仁叠在一起而折断了，吐出来的时候我就担忧。那瓜子已纵断为两半，两半瓣的瓜仁紧紧地装塞在两半瓣的瓜子壳中，好像日本版的洋装书，套在很紧的厚纸函中，不容易取它出来。这种洋装书的取出法，现在都已从日本人那里学得，不要把指头塞进厚纸函中去力挖，只要使函口向下，两手扶着函，上下振动数次，洋装书自会脱壳而出。然而半瓣瓜子的形状太小了，不能应用这个方法，我只得用指爪细细地剥取。有时因为练习弹琴，两手的指爪都剪平，和尚头一般的手指对它简直毫无办法。我只得乘人不见把它抛弃了。在痛感困难的时候，我本拟不再吃瓜子了。但抛弃了之后，觉得口中有一种非甜非咸的香味，会引逗我再吃。我便不由得伸起手来，另选一粒，再送交臼齿去咬。不幸而这瓜子太燥，我的用力又太猛，“格”地一响，玉石不分，咬成了无数的碎块，事体就更糟了。我只得把粘着唾液的碎块尽行吐出在手心里，用心挑选，剔去壳的碎块，然后用舌尖舐食瓜仁的碎块。然而这挑选颇不容易，因为壳的碎块的一面也是白色的，与瓜仁无异，我误认为全是瓜仁而舐进口中去嚼，其味虽非嚼蜡，却等于嚼砂。壳的碎片紧紧地嵌进牙齿缝里，找不到牙签就无法取出。碰到这种钉子的时候，我就下个决心，从此戒绝瓜子。戒绝之法，大抵是喝一口茶来漱一漱口，点起一支香烟，或者把瓜子盆推开些，把身体换个方向坐了，以示不再对它发生关系。然而过了几分钟，与别人谈了几句话，不知不觉之间，会跟了别人而伸手向盆中摸瓜子来咬。等到自己觉察破戒的时候，往往是已经咬过好几粒了。这样，吃了非戒不可，戒了非吃不可；吃而复戒，戒而复吃，我为它受尽苦痛。这使我现在想起了瓜子觉得害怕。

但我看别人，精通此技的很多。我以为中国人的三种博士才能中，咬瓜子的才能最可叹佩。常见闲散的少爷们，一只手指间夹着一支香烟，一只手握着一把瓜子，且吸且咬，且咬且吃，且吃且谈，且谈且笑。从容自由，真是“交关写意！”他们不须拣选瓜子，也不须用手指去剥。一粒瓜子塞进了口里，只消“格”地一咬，“呸”地一吐，早已把所有的壳吐出，而在那里嚼食瓜子的肉了。那嘴巴真像一具精巧灵敏的机器，不绝地塞进瓜子去，不绝地“格”，“呸”，“格”，“呸”……全不费力，可以永无罢休。女人们、小姐们的咬瓜子，态度尤加来得美妙；她们用兰花似的手指摘住瓜子的圆端，把瓜子垂直地塞在门牙中间，而用门牙去咬它的尖端。"的，的"两响，两瓣壳的尖头便向左右绽裂。然后那手敏捷地转个方向，同时头也帮着了微微地一侧，使瓜子水平地放在门牙口，用上下两门牙把两瓣壳分别拨开，咬住了瓜子肉的尖端而抽它出来吃。这吃法不但"的，的"的声音清脆可听，那手和头的转侧的姿势窈窕得很，有些儿妩媚动人。连丢去的瓜子壳也模样姣好，有如朵朵兰花。由此看来，咬瓜子是中国少爷们的专长，而尤其是中国小姐、太太们的拿手戏。

在酒席上、茶楼上，我看见过无数咬瓜子的圣手。近来瓜子大王畅销，我国的小孩子们也都学会了咬瓜子的绝技。我的技术，在国内不如小孩子们远甚，只能在外国人面前占胜。记得从前我在赴横滨的轮船中，与一个日本人同舱。偶检行箧，发见亲友所赠的一罐瓜子。旅途寂寥，我就打开来和日本人共吃。这是他平生没有吃过的东西，他觉得非常珍奇。在这时候，我便老实不客气地装出内行的模样，把吃法教导他，并且示范地吃给他看。托祖国的福，这示范没有失败。但看那日本人的练习，真是可怜的很！他如法将瓜子塞进口中，"格"地一咬，然而咬时不得其法，将唾液把瓜子的外壳全部浸湿，拿在手里剥的时候，滑来滑去，无从下手，终于滑落在地上，无处寻找了。他空咽一口唾液，再选一粒来咬。这回他剥时非常小心，把咬碎了的瓜子陈列在舱中的食桌上，俯伏了头，细细地剥，好像修理钟表的样子。约莫一二分钟之后，好容易剥得了些瓜仁的碎片，郑重地塞进口里去吃。我问他滋味如何，他点点头连称 umai，umai！（好吃，好吃！）我不禁笑了出来。我看他那阔大的嘴里放进一些瓜仁的碎屑，犹如沧海中投以一粟，亏他辨出 umai 的滋味来。但我的笑不仅为这点滑稽，半由于骄矜自夸的心理。我想，这毕竟是中国人独得的技术，像我这样对于此道最拙劣的人，也能在外国人面前占胜，何况国内无数精通此道的少爷、小姐们呢？

发明吃瓜子的人，真是一个了不起的天才！这是一种最有效的“消闲”法。要“消磨岁月”，除了抽鸦片以外，没有比吃瓜子更好的方法了。其所以最有效者，为了它具备三个条件：一、吃不厌；二、吃不饱；三、要剥壳。

俗语形容瓜子吃不厌，叫做“勿完勿歇”。为了它有一种非甜非咸的香味，能引逗人不断地要吃。想再吃一粒不吃了，但是嚼完吞下之后，口中余香不绝，不由你不再伸手向盆中或纸包里去摸。我们吃东西，凡一味甜的，或一味咸的，往往易于吃厌。只有非甜非咸的，可以久吃不厌。瓜子的百吃不厌，便是为此。有一位老于应酬的朋友告诉我一段吃瓜子的趣话：说他已养成了见瓜子就吃的习惯。有一次同了朋友到戏馆里看戏，坐定之后，看见茶壶的旁边放着一包打开的瓜子，便随手向包里掏取几粒，一面咬着，一面看戏。咬完了再取，取了再咬。如是数次，发见邻席的不相识的观剧者也来掏取，方才想起了这包瓜子的所有权。低声问他的朋友：“这包瓜子是你买来的么？”那朋友说“不”，他才知道刚才是擅吃了人家的东西，便向邻座的人道歉。邻座的人很漂亮，付之一笑，索性正式地把瓜子请客了。由此可知瓜子这样东西，对中国人有非常的吸引力，不管三七二十一，见了瓜子就吃。

俗语形容瓜子吃不饱，叫做“吃三日三夜，长个屎尖头。”因为这东西分量微小，无论如何也吃不饱，连吃三日三夜，也不过多排泄一粒屎尖头。为消闲计，这是很重要的一个条件。倘分量大了，一吃就饱，时间就无法消磨。这与赈饥的粮食目的完全相反。赈饥的粮食求其吃得饱，消闲的粮食求其吃不饱。最好只尝滋味而不吞物质。最好越吃越饿，像罗马亡国之前所流行的“吐剂”一样，则开筵大嚼，醉饱之后，咬一下瓜子可以再来开筵大嚼。一直把时间消磨下去。

要剥壳也是消闲食品的一个必要条件。倘没有壳，吃起来太便当，容易饱，时间就不能多多消磨了。一定要剥，而且剥的技术要有声有色，使它不像一种苦工，而像一种游戏，方才适合于有闲阶级的生活，可让他们愉快地把时间消磨下去。

具足以上三个利于消磨时间的条件的，在世间一切食物之中，想来想去，只有瓜子。所以我说发明吃瓜子的人是了不起的天才。而能尽量地享用瓜子的中国人，在消闲一道上，真是了不起的积极的实行家！试看粮食店、南货店里的瓜子的畅销，试看茶楼、酒店、家庭中满地的瓜子壳，便可想见中国人在“格，呸”“的，的”的声音中消磨去的时间，每年统计起来为数一定可惊。将来此道发展起来，恐怕是全中国也可消灭在“格，呸”“的，的”的声音中呢。

我本来见瓜子害怕，写到这里，觉得更加害怕了。

shī zi tóu
狮子头

梁实秋

化成客死异乡，

墓木早拱矣，

思之怃然！

狮子头，扬州名菜。大概是取其形似，而又相当大，故名。北方饭庄称之为四喜丸子，因为一盘四个。北方做法不及扬州狮子头远甚。

我的同学王化成先生，扬州人，幼失怙，赖姑氏扶养成人，姑善烹调，化成耳濡目染，亦通调和鼎鼐之道。化成官外交部多年，后外放葡萄牙公使历时甚久，终于任上。他公余之暇，常亲操刀俎，以娱嘉宾。狮子头为其拿手杰作之一，曾以制作方法见告。

狮子头人人会做，巧妙各有不同。化成教我的方法是这样的——

首先取材要精。细嫩猪肉一大块，七分瘦三分肥，不可有些须筋络纠结于其间。切割之际最要注意，不可切得七歪八斜，亦不可剁成碎泥，其秘诀是“多切少斩”。挨着刀切成碎丁，越碎越好，然后略为斩剁。

次一步骤也很重要。肉里不羼芡粉，容易碎散；加了芡粉，黏糊糊的不是味道。所以调好芡粉要抹在两个手掌上，然后捏搓肉末成四个丸子，这样丸子外表便自然糊上了一层芡粉，而里面没有。把丸子微微按扁，下油锅炸，以丸子表面紧绷微黄为度。

再下一步是蒸。碗里先放一层转刀块冬笋垫底，再不然就横切黄芽白作墩形数个也好。把炸过的丸子轻轻放在碗里，大火蒸一个钟头以上。揭开锅盖一看，浮着满碗的油，用大匙把油撇去，或用大吸管吸去，使碗里不见一滴油。

这样的狮子头，不能用筷子夹，要用羹匙舀，其嫩有如豆腐。肉里要加葱汁、姜汁、盐。愿意加海参、虾仁、荸荠、香蕈，各随其便，不过也要切碎。

狮子头是雅舍食谱中重要的一色。最能欣赏的是当年在北碚的编译馆同仁萧毅武先生，他初学英语，称之为“莱阳海带”，见之辄眉飞色舞。化成客死异乡，墓木早拱矣，思之怃然！

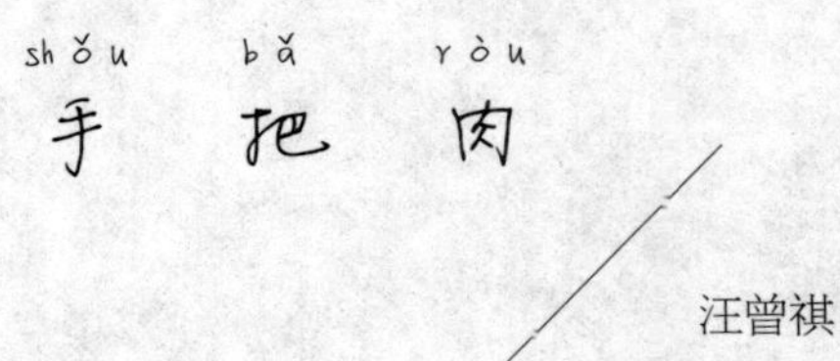

在我一生中吃过的各种做法的羊肉中，

我以为手把羊肉第一。

如果要我给它一个评语，

我将毫不犹豫地说：无与伦比！

蒙古人从小吃惯羊肉，几天吃不上羊肉就会想得慌。蒙古族舞蹈家斯琴高娃（蒙古族女的叫斯琴高娃的很多，跟那仁花一样的普遍）到北京来，带着她的女儿。她的女儿对北京的饭菜吃不惯。我们请她在晋阳饭庄吃饭，这小姑娘对红烧海参、脆皮鱼等等统统不感兴趣。我问她想吃什么，“羊肉！”我把服务员叫来，问他们这儿有没有羊肉，说只有酱羊肉。“酱羊肉也行，咸不咸？”“不咸。”端上来，是一盘羊腱子。小姑娘白嘴把一盘羊腱子都吃了。问她：“好吃不好吃？”“好吃！”她妈说：“这孩子！真是蒙古人！她到北京几天，头一回说‘好吃’。”

蒙古人非常好客，有人骑马在草原上漫游，什么也不带，只背了一条羊腿。日落黄昏，看见一个蒙古包，下马投宿。主人把他的羊腿解下来，随即杀羊。吃饱了，喝足了，和主人一家同宿在蒙古包里，酣然一觉。第二天主人送客上路，给他换了一条新的羊腿背上。这人在草原上走了一大圈，回家的时候还是背了一条羊腿，不过已经不知道换了多少次了。

“四人帮”肆虐时期，我们奉江青之命，写一个剧本，搜集材料，曾经四下内蒙古。我在内蒙古学会了两句蒙古话。蒙古族同志说，会说这两句话就饿不着。一句是“不达一的”——要吃的；一句是“莫哈一的”——要吃肉。“莫哈”泛指一切肉，特指羊肉（元杂剧有一出很特别，汉话和蒙古话掺和在一起唱。其中有一句是“莫哈整斤吞”，意思是整斤地吃羊肉）。果然，我从伊克昭盟[4]到呼伦贝尔大草原，走了不少地方，吃了多次手把肉。

八九月是草原最美的时候。经过一夏天的雨水，草都长好了，草原一片碧绿。阿格长好了，灰背青长好了，阿格和灰背青是牲口最爱吃的草。草原上的草在我们看起来都是草，牧民却对每一种草都叫得出名字。草里有野葱、野韭菜（蒙古人说他们那里的羊肉不膻，是因为羊吃野葱，自己把味解了）。到处开着五颜六

4 即鄂尔多斯。

色的花。羊这时也都上了膘了。

内蒙古的作家、干部爱在这时候下草原，体验生活，调查工作，也是为去“贴秋膘”。进了蒙古包，先喝奶茶。内蒙古的奶茶制法比较简单，不像西藏的酥油茶那样麻烦。只是用铁锅坐一锅水，水开后抓入一把茶叶，滚几滚，加牛奶，放一把盐，即得。我没有觉得有太大的特点，但喝惯了会上瘾的（蒙古人一天也离不开奶茶。很多人早起不吃东西，喝两碗奶茶就去放羊）。摆了一桌子奶食，奶皮子、奶油（是稀的）、奶渣子……还有月饼、桃酥。客人喝着奶茶，蒙古包外已经支起大锅，坐上水，杀羊了。蒙古人杀羊真是神速，不是用刀子捅死的，是掐断羊的主动脉。羊挣扎都不挣扎，就死了。马上开膛剥皮，工具只有一把比水果刀略大一点的折刀。一会儿的工夫，羊皮就剥下来，抱到稍远处晒着去了。看看杀羊的现场，连一滴血都不溅出，草还是干干净净的。

“手把肉”即白水煮切成大块的羊肉。一手“把”着一大块肉，用一柄蒙古刀自己割了吃。蒙古人用刀子割肉真有功夫。一块肉吃完了，骨头上连一根肉丝都不剩。有小孩子割剔得不净，妈妈就会说：“吃干净了，别像那干部似的！”干部吃肉，不像牧民细心，也可能不大会使刀子。牧民对奶、对肉都有一种近似宗教情绪似的敬重，正如汉族的农民对粮食一样，糟踏了，是罪过。吃手把肉过去是不预备佐料的，顶多放一碗盐水，蘸了吃。现在也有一点佐料，酱油、韭菜花之类。因为是现杀、现煮、现吃，所以非常鲜嫩。在我一生中吃过的各种做法的羊肉中，我以为手把羊肉第一。如果要我给它一个评语，我将毫不犹豫地说：无与伦比！

吃肉，一般是要喝酒的。蒙古人极爱喝酒，而且几乎每饮必醉。我在呼和浩特听一个土默特旗的汉族干部说“骆驼见了柳，蒙古人见了酒”，意思就走不动了——骆驼爱吃柳条。我以为这是一句现代俗话。偶读一本宋人笔记，见有“骆驼见柳，蒙古见酒”之说，可见宋代已有此谚语，已经流传几百年了。可惜我把这本笔记的书名忘了。宋朝的蒙古人喝的大概是武松喝的那种煮酒，不会是白酒——蒸馏酒。白酒是元朝的时候才从阿拉伯传进来的。

在达茂旗吃过一次“羊贝子”，即煮全羊。整只羊放在大锅里煮。据说蒙古人吃只煮三十分钟，因为我们是汉族，怕太生了不敢吃，多煮了十五分钟。整羊，剁去四蹄，趴在一个大铜盘里。羊头已经切下来，但仍放在脖子后面的腔子上，上桌后再搬走。吃羊贝子有规矩，先由主客下刀，切下两条脖子后面的肉（相当于北京人所说的“上脑”部位），交叉斜搭在肩背上，然后其他客人才动刀，各自选取自己爱吃的部位。羊贝子真是够嫩的，一刀切下去，会有血水滋出来。同去的编剧、导演，有的望而生畏，有的浅尝即止，鄙人则吃了个不亦乐乎。羊肉越嫩越好。蒙古人认为煮久了的羊肉不好消化，诚然诚然。我吃了一肚子半生的羊肉，太平无事。

蒙古人真能吃肉。海拉尔有两位书记到北京东来顺吃涮羊肉，两个人要了十四盘肉，服务员问：“你们吃得完吗？”一个书记说：“前几天我们在呼伦贝尔，五个人吃了一只羊！”

蒙古人不是只会吃手把肉，他们也会各种吃法。呼和浩特的烧羊腿，烂，嫩，鲜，入味。我尤其喜欢吃清蒸羊肉。我在四子王旗一家不大的饭馆中吃过一次“拔丝羊尾”。我吃过拔丝山药、拔丝土豆、拔丝苹果、拔丝香蕉，从来没听说过羊尾可以拔丝。外面有一层薄薄的脆壳，咬破了，里面好像什么也没有，一包清水，羊尾油已经化了。这东西只宜供佛，人不能吃，因为太好吃了！

我在新疆唐巴拉牧场吃过哈萨克的手抓羊肉。做法与内蒙古的手把肉略似，也是大锅清水煮，但切的肉块较小，煮的时间稍长。肉熟后，下面条，然后装在大瓷盘里端上来。下面是面，上面是肉。主人以刀把肉切成小块，客人以手抓肉及面同吃。吃之前，由一个孩子执铜壶注水于客人之手。客人手上浇水后不能向后甩，只能待其自干，否则即是对主人不敬。铜壶颈细而长，壶身镂花，有中亚风格。

chǎo lì qíng yuán
炒栗情缘

舒婷

在我看来，只要栗子品种过硬，或蒸或煮或烧或炒，当不失天生丽质。

好比我所倾倒的那些会做文章的人，问津国事也好，坊间笑谈也好，乃至捻草捉虫，都能直抵个中三昧。

前往书市的大街水泄不通，陪我们去签名售书的成平总编频频举腕看手表，焦灼之情溢言于形。忽然一阵诱人垂涎的香味随风飘来，我即刻扑到车窗上，游目四顾。成平以为我见到什么老朋友了，不错，是最好的老朋友——糖炒板栗。

不幸的是车子紧接着开动，开幕的时间眼看不及，我不敢坚持下车为贪口福而误大事。成平不断抚慰我定有补偿，仍是怏怏然。

书市结束那个晚上，成平陪我们上街，几位女伴都在商场试装，不停地脱衣、着衣，唯有我心神不属。终于吸吸鼻子，循味找到那口大锅。不知是因为急不可耐以致有欠火候，还是当地水土之故，武汉的炒板栗既夹生也不甜糯，失望之极自不待言。好比循着伊人倩影，袅袅婷婷不知转悠了多少时间，待她忽然转过脸来，觑得真切，不过一寻常女子。

闽南谜语：“上开花下结籽，老人囡仔馋得要死。”指的是花生。花生作为一种最悠久最普遍的零食，大概是易于保存的缘故。栗子的季节性太强，又蚀得快，真有迅雷不及掩耳之感。有位女友知我对栗子情有独钟，特意从北京托人带5斤新鲜大栗子给我。那人不过拐弯到福州多待两天，栗子到我手中，已蛀空了大半，想必那东西好吃得紧，连虫子也懂得争分夺秒，不甘人后。从北京开会归来，几位同人合住一软卧，老作家怀揣书本，壮年汉子拎两瓶酒，年轻人则揣一副扑克。路途漫长，有知我者赶热送两斤炒栗子抛进车窗。不等列车开动，我已开吃。唇也黑了，手也脏了，腮帮也咬疼了，五个中倒有四个是坏的。想必北京因有位善吃的汪曾祺老先生，好栗子轮不到我吃了。

算得上经典的是上海的桂花炒板栗，到上海开会或转途上海，最大的理由是可以在街上买到一袋炒栗子。有次索性称了5斤回厦门与儿子分享，为图细水长流，把栗子严密封存于铁罐之中，过了两天均长白霉。真是生也难养，熟也难养。

最是难忘当数老家漳州的糖炒栗子。那一头挑子上昏着一盏灯，搁着小锅，锅里的石子焦油乌亮。锅前嵌一块滑溜灿黄的铜板。买时现从热锅里掏，搁一个铜板上，小铲子一压，栗子就张开小口，手势之熟练，节奏极强的脆响，给期待的心情推波助澜。忽然锅里爆开一个大栗子，大家猛地一惊又哈哈大笑，犹如结了一个灯花那样喜气洋洋。为了让5岁的儿子也体验一下故乡的风情，曾带着他到漳州，雇一辆三轮车，沿街找去。那是下午，栗子摊通常在华灯初上的时候出现。因此我们几乎穿过了整个小城市，才找到人家门里去。那栗子之香糯，真是给儿子大大长了漳州人的志气。虽然车钱不知比炒栗子的价钱贵了多少。

有关炒板栗的小故事顺手可以拣出一大箩来。插队时节，山区的板栗新鲜，个儿大，回家过年前我买了10斤准备带上，晾在簸子上。那夜同伴为我饯行，灯下聊天至深夜，我提议：清水煮板栗如何？响应者众，积极烧火，烫兮兮地抢吃。风卷残云罢，犹有不足，再烧火，再吹着两手倒着吃，如此有三。天亮我打装上了路，除了满地栗子壳，簸子上空空如也。今年龙岩地区组织知青还乡团，我忝列其中。一路上又汲鼻子又托眼镜，季节尚早，栗子青青于树上。退而求之，是一种或叫椎子或叫圆子的小榛子，豆仁大小，当年一竹筒卖五分钱，够好几个知青把牙都啃歪了。如今却也可遇而不可求，连个影儿也无。

看过一篇文章，先是盛赞中国人的炒板栗如何国粹，如何合乎“栗子之道”，再挖苦法国人的铁板烧栗子何等惨无栗道，大煞风景。半信半疑着，在我看来，只要栗子品种过硬，或蒸或煮或烧或炒，当不失天生丽质。好比我所倾倒的那些会做文章的人，问津国事也好，坊间笑谈也好，乃至捻草捉虫，都能直抵个中三昧。

去年秋天去维也纳。上街果然每隔一个路口就有一亭子，铁板烧栗子是也。初时袋无分文，向陪同的汉学生借十元，买六个，各分三个，放在齿缝里细细品尝，果然不凡。洋烤栗不仅个儿大，新鲜，果仁嫩黄糯面，从未发现一个坏的，而且吃完唇上指尖干干净净，不像汉栗，非给它的信徒们留下印记不可。

中国驻奥文化参赞孙书柱夫妇开车，带我游览中央公墓，那里最著名的墓园是贝多芬、施特劳斯的安息处，公园门口卖的烧栗子便宜多了，彼时我的腰包略鼓，因此大出手，替各人买二十元十七个栗子，吃得直嗳气，次日火眼金睛起来。突然"叶"的一声，什么东西从枝叶间掉下来，砸在我的脑袋中，低头一看，却是一颗肥硕大板栗。弯腰去捡，才发现草地上到处都是，转瞬口袋装满了，怀里抱不下，扑簌簌往下掉，大叫："快来帮我。"

孙书柱慢悠悠问我："你想带回国吗？"我大急："哪里的话！我住旅馆，也无法弄熟它。你们带回使馆宿舍，简直可以开个栗子宴请其他同志呢。"

孙书柱叹了口气："英兰刚来时，也捡了满满一书包回去。我告诉她这种栗子是喂马的，她也是不信，把好端端一个电饭煲给烧穿了，也没煮透。”英兰在旁抿着嘴乐，看我嗒然若失，怀中栗子撒了一地。

维也纳有三件宝贝举世闻名：第一是斯蒂芬教堂；第二是施特劳斯牌的巧克力；第三是会随音乐翩翩起舞的白色马。

那白色舞马自然是吃栗子的。幸福的维也纳马！

fǔ rǔ wō tóu yì
腐乳·窝头议

吴祖光

我吃过好的，也吃过赖的；也饿得难受过，也撑得难受过。

怎么会撑得难受呢？一天接一天、一顿接一顿的宴会，山珍海味、佳肴满前，殷勤的主人频频相劝，使你不断地吃喝。

这种时候，我最想得到的就是：腐乳、窝头、小米粥……

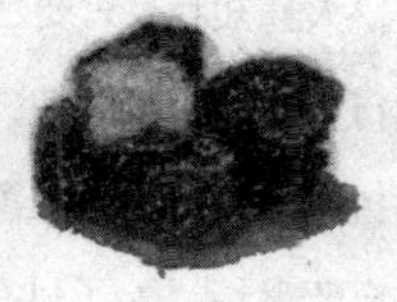

一个星期以前接到一个很不寻常的电话，《中国烹饪》杂志约我写一篇关于美食营养的稿子。一般说来，这种力不胜任的文章，我只能婉言谢绝，但这回却不行，这个约稿人非同小可，而是我们的剧坛盟主——德高望重的曹禺大师。他一声令下，我只能俯首听命别无他话。过不到三天，催稿的电话又来了，发话的是曹禺二世、非凡的作家、女公子万方，我这做叔叔的当然也只有连连应承不迭。

约稿人通知我，只要是谈吃，写什么、怎么写都行，长点行，短的也行。然而说来惭愧，我其实对吃毫不讲究，不太懂得好歹，也从不挑精拣瘦。不过是爱吃的多吃点，不爱吃的少吃点或不吃而已。至于做饭，除了只有把鸡蛋煮熟的水平而外，别的是什么也不会……

这使我想起，大概是1981年，就是这本开美食之先驱的《中国烹饪》杂志曾经约我写过一篇叫作《谈吃》的文章。我在被逼无奈之下，居然在文中写了一段母亲生前的拿手杰作“常州烂面饼”的做法，仓促交稿，以为就此完事大吉。谁知两年之后去香港，遇见从台湾来到香港中文大学任教的年轻表妹孙筑谨对我说：“在台北读到你那篇大文之后，按照你写的方法做了几次都没做成，是怎么回事？”这下子问得我傻了眼，真乃愧罪难当。后来见到我家小八妹，方知道我写的满不是那么回事，只得求八妹重写一遍，改正错误，向读者道歉。说真的，我一直以为：做饭、做菜、做点心，应该比写剧本容易得多。现在我方知道，那是另有一功，不是我这样笨手笨脚的人能学得来的；但是知道此杂志影响及于海峡彼岸确实十分高兴。这回又是给《中国烹饪》写文章，怎么也得写。

写了半天也没写出个正经来。忽然有人叫门，铃声大作，原来有朋自远方来，地处大西南恐龙之乡的四川自贡川剧团杰出青年作家魏明伦托信使给我带来了产自宜宾的美酒“五粮液”和产自乐山五通的腐乳。吃中饭的时候，我打开一盒腐乳，闻见那一阵霉香不觉神往。它给我的第一个联想是想起了我的母亲，感到出乎意外的惊喜，对同坐在餐桌那边的妻子和刚从远方归来的女儿说：“快来尝尝，完全是婆婆的味儿。”这个四川腐乳的鲜味一下子把我们全家都深深沉浸在对婆婆的怀念里。

善良温柔的母亲敬夫爱幼，用她全身心的终生的母爱卵翼着她众多人口的全家，她上孝婆母，对自己的丈夫和11个子女爱护到无微不至；甚至我们姐妹弟兄的同学、朋友也很少没有受到过她的关心和照顾的。她做的一手好菜更为亲友们所津津乐道难以忘记。她不仅能一手做出整桌的酒席，一年四季还制作种种不同的小菜更为脍炙人口。我早听祖母说过：能用发酵、发霉的方法来做出异味食品的一定是具有悠久文明的国家。譬如西方人酷嗜奶酪制品等就是古老文化的结晶。而作为一个中国人，我就更喜欢我们的传统豆制品，尤其是腐乳类的佐餐小菜更是我最爱的恩物，母亲每年都要多次制作她拿手的“霉豆腐”。而我只要有一小块母亲做的豆腐就能吃一碗稀饭。

在生活里，“霉”不是一个好名词，譬如一个人遭逢不幸，或有点什么不顺心如意就叫作“倒霉”，上海话就叫“触霉头”。尤其是食物，“发霉变质”就只能当作废物扔掉；但是这个神奇的霉豆腐却充溢着一种异香，使人胃口大开。今天在任何副食店里都能买到全中国各地的土产豆腐乳。各有其不同的特征 成为佐餐的美味。多年来，成都好友车辐先生保证不断供应给我的四川唐场豆腐和白菜豆腐，使愚夫妻感戴不尽，几乎成为我们每饭不离的佳品；然而母亲巧手制作出来的那种“霉香”，在我尝遍了无以数计的多种腐乳品之后却终于难得找到。所以这回从明伦的家乡得到如此美味怎不教我喜出望外。

神州大地是称霸世界的美食王国，珍馐佳馔无以数计。我却只写了不为人重视的腐乳一项，连自己也觉得十分古怪，很不像话。我总得再写一样方好交代，而立即想起的却是更加上不得餐桌、甚至在近年来北京最寒酸的伙食团里也不多见的窝头。

很多南方人不知窝头是为何物，有些人则是闻其名而未见过其物；但是北京人，尤其是旧中国的劳动人民，小米粥和棒子面窝头则是生活中不可一日或离的主食。50年代后期，我去北大荒服劳役，同难的一位上海来的琴师看见小米，皱起眉头说：“个么事把拉鸟吃格！”（上海方言，意思是这个东西是喂鸟的。）而老玉米磨碎的棒子面在他的眼睛里则是连鸟都不肯吃的了。

在北京曾度过我的青少年时期。窝头不是我的主食品，但我从来欣赏棒子面窝头的美味，那种香美的味道不是别种粮食的味道所能代替的。在东北，还有用高粱面做的窝头，我就始终没吃惯，比棒子面差多了。

要解释一下的是，所谓棒子就是北方人给玉米或曰玉蜀黍起的别名。玉米在南方也叫珍珠米，也是很多人都爱的食品。西方人把煮熟的玉米剥出来放在长形盘里，浇上奶油便成为高级食品了。此外，嫩玉米刚长出来只有寸把长，也可能是一个小品种的玉米，炒在素菜里也是一种高级菜。可见异地价不同是因为物以稀为贵。

棒子面也能煮成稀粥，和窝头一样，是贫苦的北方大众最为普及的食品。

我对窝头的喜爱可不是一般的喜爱而已，我是把它放在珍馐美味的行列来喜欢它的，其原因之一是现在很难吃到了。多年来我再没有找到过一个卖窝头的饭馆，而我心中却常常涌起一种对棒子面的芳香的怀念。两年前我曾经和家里一个“黄山来的小姑娘”（家庭服务员）商量，请她给我做一屉窝头。先让她去买了一袋棒子面来，难办的是她完全不知道窝头是半圆形当中挖出一个洞……那样的形式。半小时以后，“窝头”出屉了，看到的是一屉圆球形的东西，看不见那个著名的窝头圆洞。小姑娘说，她做不出洞来。我才发现她只是把每个球形体放在笼屉里之后，用一个手指往下面插一个洞，实际上手指退出来，那个洞就弥合起来恢复原状了。而这几个实心的棒子球里面还是生的。

从北大荒回来已近三十年，仍不时涌起对棒子面窝头的深深怀念。想起当年八国联军侵华战争中，大清朝慈禧皇太后仓皇出逃，十分饥饿之下，吃到了老百姓敬献的窝头，惊喜交加，认为乃天下之至味。后来回宫之后，仍思念窝头不止。御厨房奉旨做窝头，用的是栗子面，加上糖、蜜和其他材料，于是传下来今天御膳中的栗子面的小窝头，不说材料名贵，至少二十个也顶不上一个真窝头的重量。而我至今觉得，还是老百姓的窝头比如今的栗子面窝头好吃。可惜没有听说过那位慈禧太后对这两种窝头的不同评价，而老百姓的窝头是救了她的命的。

就中国是美食王国这一特点说来，作为中国人真乃幸福之至。半个多世纪以来，就吃而言，我吃过好的，也吃过赖的；也饿得难受过，也撑得难受过。怎么会撑得难受呢？就是那些一天接一天、一顿接一顿的宴会，山珍海味、佳肴满前，殷勤的主人频频相劝，使你不断地吃喝。

这种时候，我最想得到的就是：腐乳、窝头、小米粥……最不值钱的东西会成为最美之味。

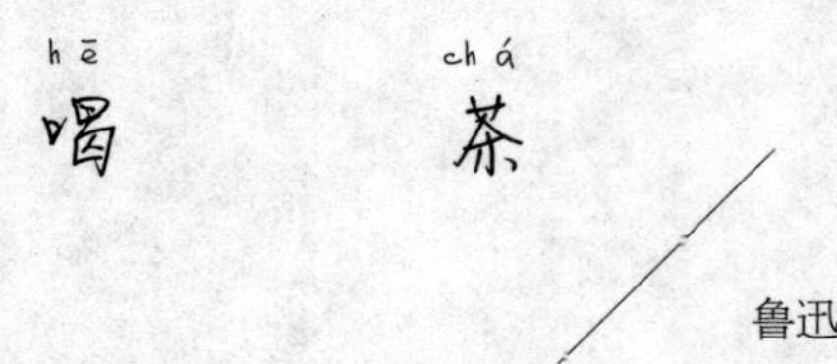

鲁迅

有好茶喝，会喝好茶，是一种“清福”。

某公司又在廉价了，去买了二两好茶叶，每两洋二角。开首泡了一壶，怕它冷得快，用棉袄包起来，却不料郑重其事的来喝的时候，味道竟和我一向喝着的粗茶差不多，颜色也很重浊。

我知道这是自己错误了，喝好茶，是要用盖碗的，于是用盖碗。果然，泡了之后，色清而味甘，微香而小苦，确是好茶叶。但这是须在静坐无为的时候的，当我正写着《吃教》的中途，拉来一喝，那好味道竟又不知不觉的滑过去，像喝着粗茶一样了。

有好茶喝，会喝好茶，是一种“清福”。不过要享这“清福”，首先就须有工夫，其次是练习出来的特别的感觉。由这一极琐屑的经验，我想，假使是一个使用筋力的工人，在喉干欲裂的时候，那么，即使给他龙井芽茶，珠兰窨片，恐怕他喝起来也未必觉得和热水有什么大区别罢。所谓“秋思”，其实也是这样的，骚人墨客，会觉得什么“悲哉秋之为气也”，风雨阴晴，都给他一种刺戟，一方面也就是一种“清福”，但在老农，却只知道每年的此际，就要割稻而已。

于是有人以为这种细腻锐敏的感觉，当然不属于粗人，这是上等人的牌号。然而我恐怕也正是这牌号就要倒闭的先声。我们有痛觉，一方面是使我们受苦的，而一方面也使我们能够自卫。假如没有，则即使背上被人刺了一尖刀，也将茫无知觉，直到血尽倒地，自己还不明白为什么倒地。但这痛觉如果细腻锐敏起来呢，则不但衣服上有一根小刺就觉得，连衣服上的接缝、线结、布毛都要觉得，倘不穿“无缝天衣”，他便要终日如芒刺在身，活不下去了。但假装锐敏的，自然不在此例。

感觉的细腻和锐敏，较之麻木，那当然算是进步的，然而以有助于生命的进化为限。如果不相干，甚而至于有碍，那就是进化中的病态，不久就要收梢。我们试将享清福，抱秋心的雅人，和破衣粗食的粗人一比较，就明白究竟是谁活得下去。喝过茶，望着秋天，我于是想：不识好茶，没有秋思，倒也罢了。

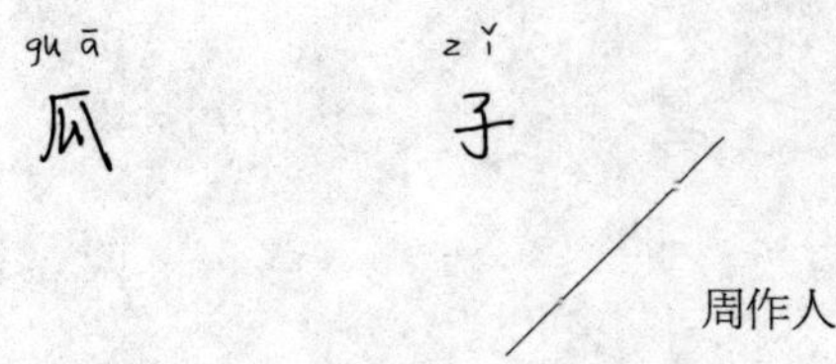

“漏深车马各还家，通夜沿街卖瓜子。”

乡下新年客来，在没有香烟的时候，清茶果茶之后继以点心，必备瓜子花生，年糕粽子，此外炸元宵、小包子、花饺、烧卖之类，则对于客之尊亲者始有，算是盛设了。落花生在明季自南洋入中国，吃瓜子的风俗不知起于何时，大概相当的早吧，在小说中仿佛很少说及，只在文昭的《紫幢轩诗集》中见到年夜诗云："漏深车马各还家，通夜沿街卖瓜子。"此人是王渔洋的弟子，是康熙时人。曾见西班牙人小说，说及女人嗑葵花子，不知是否与亚剌伯人有关，也不知道别国还有此习俗否。平常待客用的都是市上卖的黑瓜子，但个人经验觉得吃西瓜时所留下的子，色黄粒小，可是炒了吃很香，实在比大而黑的还要好。此外南瓜子及向日葵也都可以吃，比较容易嗑，肉亦较多，但不知道怎的似乎不能算是正宗，不用于请客席上。小孩们有谜语云：一百小烧饼，吃了一百还有二百剩。这显然是指西瓜子，南瓜子与葵花子并不在内，因为那两种嗑开时壳都不能干脆地分作两片，由此可知在儿童心中的瓜子也还是那西瓜子也。

duān wǔ jié de yā dàn
端午节的鸭蛋

汪曾祺

我走的地方不少，所食鸭蛋多矣，

但和我家乡的完全不能相比！

曾经沧海难为水，

他乡咸鸭蛋，我实在瞧不上。

家乡的端午，很多风俗和外地一样。系百索子。五色的丝线拧成小绳，系在手腕上。丝线是掉色的，洗脸时沾了水，手腕上就印得红一道绿一道的。做香角子。丝线缠成小粽子，里头装了香面，一个一个串起来，挂在帐钩上。贴五毒。红纸剪成五毒，贴在门槛上。贴符。这符是城隍庙送来的。城隍庙的老道士还是我的寄名干爹，他每年端午节前就派小道士送符来，还有两把小纸扇。符送来了，就贴在堂屋的门楣上。一尺来长的黄色、蓝色的纸条，上面用朱笔画些莫名其妙的道道，这就能辟邪么？喝雄黄酒。用酒和的雄黄在孩子的额头上画一个王字，这是很多地方都有的。有一个风俗不知别处有不：放黄烟子。黄烟子是大小如北方的麻雷子的炮仗，只是里面灌的不是硝药，而是雄黄。点着后不响，只是冒出一股黄烟，能冒好一会。把点着的黄烟子丢在橱柜下面，说是可以熏五毒。小孩子点了黄烟子，常把它的一头抵在板壁上写虎字。写黄烟虎字笔画不能断，所以我们那里的孩子都会写草书的"一笔虎"。还有一个风俗，是端午节的午饭要吃"十二红"，就是十二道红颜色的菜。十二红里我只记得有炒红苋菜、油爆虾、咸鸭蛋，其余的都记不清，数不出了。也许十二红只是一个名目，不一定真凑足十二样。不过午饭的菜都是红的，这一点是我没有记错的，而且，苋菜、虾、鸭蛋，一定是有的。这三样，在我的家乡，都不贵，多数人家是吃得起的。

我的家乡是水乡。出鸭。高邮大麻鸭是著名的鸭种。鸭多，鸭蛋也多。高邮人也善于腌鸭蛋。高邮咸鸭蛋于是出了名。我在苏南、浙江，每逢有人问起我的籍贯，回答之后，对方就会肃然起敬："哦！你们那里出咸鸭蛋！"上海的卖腌腊的店铺里也卖咸鸭蛋，必用纸条特别标明"高邮咸蛋"。高邮还出双黄鸭蛋。别处鸭蛋也偶有双黄的，但不如高邮的多，可以成批输出。双黄鸭蛋味道其实无特别处。还不就是个鸭蛋！只是切开之后，里面圆圆的两个黄，使人惊奇不已。我对异乡人称道高邮鸭蛋，是不大高兴的，好像我们那穷地方就出鸭蛋似的！不过高邮的咸鸭蛋，确实是好，我走的地方不少，所食鸭蛋多矣，但和我家乡的完全不能相比！曾经沧海难为水，他乡咸鸭蛋，我实在瞧不上。袁枚的《随园食单·小菜单》有“腌蛋”一条。袁子才这个人我不喜欢，他的《食单》好些菜的做法是听来的，他自己并不会做菜。但是《腌蛋》这一条我看后却觉得很亲切，而且“与有荣焉”。文不长，录如下：

“腌蛋以高邮为佳，颜色细而油多，高文端公最喜食之。席间，先夹取以敬客，放盘中。总宜切开带壳，黄白兼用；不可存黄去白，使味不全，油亦走散。”

高邮咸蛋的特点是质细而油多。蛋白柔嫩，不似别处的发干、发粉，入口如嚼石灰。油多尤为别处所不及。鸭蛋的吃法，如袁子才所说，带壳切开，是一种，那是席间待客的办法。平常食用，一般都是敲破“空头”用筷子挖着吃。筷子头一扎下去，吱——红油就冒出来了。高邮咸蛋的黄是通红的。苏北有一道名菜，叫做“朱砂豆腐”，就是用高邮鸭蛋黄炒的豆腐。我在北京吃的咸鸭蛋，蛋黄是浅黄色的，这叫什么咸鸭蛋呢！端午节，我们那里的孩子兴挂“鸭蛋络子”。头一天，就由姑姑或姐姐用彩色丝线打好了络子。端午一早，鸭蛋煮熟了，由孩子自己去挑一个，鸭蛋有什么可挑的呢！有！一要挑淡青壳的。鸭蛋壳有白的和淡青的两种。二要挑形状好看的。别说鸭蛋都是一样的，细看却不同。

有的样子蠢，有的秀气。挑好了，装在络子里，挂在大襟的纽扣上。这有什么好看呢？然而它是孩子心爱的饰物。鸭蛋络子挂了多半天，什么时候孩子一高兴，就把络子里的鸭蛋掏出来，吃了。端午的鸭蛋，新腌不久，只有一点淡淡的咸味，白嘴吃也可以。

孩子吃鸭蛋是很小心的，除了敲去空头，不把蛋壳碰破。蛋黄蛋白吃光了，用清水把鸭蛋壳里面洗净，晚上捉了萤火虫来，装在蛋壳里，空头的地方糊一层薄罗。萤火虫在鸭蛋壳里一闪一闪地亮，好看极了！

小时读囊萤映雪故事，觉得东晋的车胤用练囊盛了几十只萤火虫，照了读书，还不如用鸭蛋壳来装萤火虫。不过用萤火虫照亮来读书，而且一夜读到天亮，这能行么？车胤读的是手写的卷子，字大，若是读现在的新五号字，大概是不行的。

jì là bā zhōu

记腊八粥

周绍良

我为成熟一切众生，故食此食。

——出《因果经》

在农历腊月里，全国各地都有吃“腊八粥”这一习惯，几乎可以说是全民的风俗。到现在在北京，一逢进了农历腊月，各粮食店就开始供应各种豆米混合在一起的粥食，称为“粥米”。腊八粥的起源开始于佛教徒，他们在腊月初八佛成道日这天，寺庙里僧众把斋粮煮成粥来供佛。斋粮是募化来的，各方施舍包括各种米粮杂豆，所以煮起来就混在一起，于是流传到民间，也仿效这个样子。

为什么这天供佛一定要用粥？其故事是这样，据萧梁时僧祐撰《释迦谱》卷一载：

尔时太子（即佛）心自念言："我今日食一麻一米，乃至七日食一麻米，身形消瘦，有若枯干。修于苦行，垂满六年，不得解脱，故知非道。"……时彼林外有一牧牛女人，名难陀波罗。时净居天，来下劝言："太子今者在于林中，汝可供养。"女人闻已，心大欢喜。于时地中，自然而生千叶莲花，上有乳糜。女人见此，生奇特心，即取乳糜至太子所，头面礼足而以奉上。……太子即复作如是言："我为成熟一切众生，故食此食。"咒愿讫已，即受食之，身体光悦，气力充足，堪受菩提。——出《因果经》

"糜"就是粥，僧徒们为什么要烧粥供佛，这是师法牧牛女人用乳糜供佛的故事。但这是由中国僧徒创始的呢，还是沿袭来自印度？这就无从考证了。根据中国记载，最早是宋代，见宋孟元老《东京梦华录》卷十《十二月》条：

十二月……初八日，街巷中有僧尼三五人作队念佛，以银铜沙罗或好盆器，坐一金铜或木佛像，漫以香水，杨枝洒浴，排门教化。诸大寺作浴佛会，并送七宝五味粥与门徒，谓之"腊八粥"。都人是日各家亦以果子杂料煮粥而食也。

可见腊八粥在宋代已经普遍流行，所以其起源当更早。至于俗谓"腊八粥"就是"七宝五味粥"，只说是用"果子杂料煮粥"，但内容究竟是一些什么？《东京梦华录》中并没有说清楚，周密

《武林旧事》卷三上却记得很明白：

八日，则寺院及人家用胡桃、松子、乳蕈、柿、栗之类作粥，谓之“腊八粥”。

当然这些东西混在一起并不能煮成粥，主要用料米却没有写进去。但可见这腊八粥是相当精细的。

元代人吃腊八粥的记载还没有找到，不过可以相信也大致差不多。传到明代，据明刘若愚《明宫史》火集《十二月》条：

初八日，吃腊八粥，先期数日，将红枣捶破泡汤，至初八日，加粳米、白果、核桃仁、栗子、菱米煮粥，供佛圣前，户牖、园树、井灶之上，各分布之。举家皆吃，或亦互相馈送，夸精美也。

《明宫史》所记虽宫廷内部情况，不单“供佛圣前”，连“户牖、园树、井灶之上，各分布之”。记得幼年时，曾见乡间老太太用腊八粥抹在自己家里的梨树、枣树的树杈上，嘱愿它来年多结果子，也把腊八粥抹在灶门口上，这大概是给灶王爷吃的。这也说明从明代至今在民间习俗上，大致相关无几。清代情形，见清富察敦崇《燕京岁时记·腊八粥》条：

“腊八粥”者，用黄米、白米、江米、小米、菱角米、栗子、去皮枣泥等，和水煮熟，外用染红桃仁、杏仁、瓜子、花生、榛穰、松子及白糖、红糖、琐琐葡萄以作点染。

这比《明宫史》所叙又加一些品种，但总的仍是宋周密《武林旧事》说的范围。所以从历史看，吃腊八粥这一习惯，历宋、元、明、清迄今而未变，真可算是传统习惯了。

我也吃过不少人家的腊八粥，自己家里也煮腊八粥，总不外用各种杂豆和大米、小米混起来煮之而已。不过老太太总是考究一点，算一算所用原料是不是已经够了八样，这样才够标准。

只有一次，却是一位朋友约我去他家吃腊八粥，他说只有他的做法，才够得上《东京梦华录》上的“七宝五味粥”，也才配称“腊八粥”。后来吃了，的确是花了一些功夫，据说他煮这粥，就花了两天时间。他用了菱米、栗子、白果、莲子、杏仁、红枣、桂圆肉，这是七宝；加上白豆、绿豆、赤豆、云豆、扁豆这算五味；更用江米、黄米、粳米、小米、薏仁米、高粱、大麦仁、芡实（鸡头米）以符腊“八”之意。有些不同火候的豆米，都得分别下锅，最后总和而煮成一大锅腊八粥，调以糖水而成。这真是腊八粥中第一品了。可是收集这些东西，如果不是有心人，随时收集起来，临时是怎么样也找不齐的。

当然，民间一般吃腊八粥只是风俗习惯，谁还想它是来源于佛教，有的地方，只认为吃了腊八粥，也就是说春节将临，农事已完，带有庆丰收的意思。江苏有的地方，用白果、花生、莲子、红枣、板栗诸般果实，和上姜桂调味品，掺在米中煮成，谓其温暖滋补，可以祛寒。扬州地方，在腊八这天，除了烧煮甜腊八粥外，还有用青菜、胡萝卜、豆腐、雪里蕻、黄花、木耳切丝炒熟，和于白米煮成了的粥中，谓之咸腊八粥。

腊八粥只是一味食品，细究之，它关系到宗教学、民俗学、社会学等学科，并不简单。孤立起来看，是没有什么可谈的。

豆腐

汪曾祺

一箸入口，三春不忘。

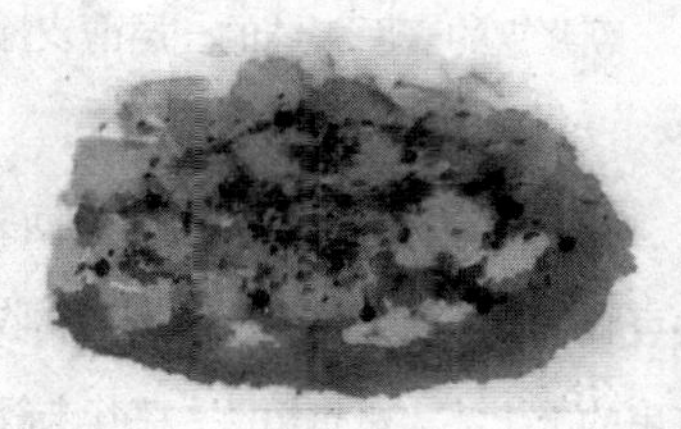

豆腐点得比较老的，为北豆腐。听说张家口地区有一个堡里的豆腐能用秤钩钩起来，扛着秤杆走几十里路。这是豆腐么？点得较嫩的是南豆腐。再嫩即为豆腐脑。比豆腐脑稍老一点的，有北京的“老豆腐”和四川的豆花。比豆腐脑更嫩的是湖南的水豆腐。

豆腐压紧成型，是豆腐干。

卷在白布层中压成大张的薄片，是豆腐片。东北叫干豆腐。

压得紧而且更薄的，南方叫百页或千张。

豆浆锅的表面凝结的一层薄皮撩起晾干，叫豆腐皮，或叫油皮。我的家乡则简单地叫做皮子。

豆腐最简便的吃法是拌。买回来就能拌。或入开水锅略烫，去豆腥气。不可久烫，久烫则豆腐收缩发硬。香椿拌豆腐是拌豆腐里的上上品。嫩香椿头，芽叶未舒，颜色紫赤，嗅之香气扑鼻，入开水稍烫，梗叶转为碧绿，捞出，揉以细盐，候冷，切为碎末，与豆腐同拌（以南豆腐为佳），下香油数滴。一箸入口，三春不忘。香椿头只卖得数日，过此则叶绿梗硬，香气大减。其次是小

葱拌豆腐。北京有歇后语："小葱拌豆腐——一青二白。"可见这是北京人家家都吃的小菜。拌豆腐特宜小葱，小葱嫩、香。葱粗如指，以拌豆腐，滋味即减。我和林斤澜在武夷山，住一招待所。斤澜爱吃拌豆腐，招待所每餐皆上拌豆腐一大盘，但与豆腐同拌

的是青蒜。青蒜炒回锅肉甚佳，以拌豆腐，配搭不当。北京人有用韭菜花、青椒糊拌豆腐的，这是侉吃法，南方人不敢领教。而南方人吃的松花蛋拌豆腐，北方人也觉得岂有此理。这是一道上海菜，我第一次吃到却是在香港的一家上海饭馆里，是吃阳澄湖大闸蟹之前的一道凉菜。北豆腐、松花蛋切成小骰子块，同拌，无姜汁蒜泥，只少放一点盐而已。好吃么？用上海话说：蛮崭格！用北方话说：旱香瓜——另一个味儿。咸鸭蛋拌豆腐也是南方菜，但必须用敝乡所产“高邮咸蛋”。高邮咸蛋蛋黄色如朱砂，多油，和豆腐拌在一起，红白相间，只是颜色即可使人胃口大开。别处的咸鸭蛋，尤其是北方的，蛋黄色浅，又无油，却不中吃。

烧豆腐大体可分为两大类：用油煎过再加料烧的；不过油煎的。

北豆腐切成厚二分的长方块，热锅温油两面煎。油不必多，因豆腐不吃油。最好用平底锅煎。不要煎得太老，稍结薄壳，表面发皱，即可铲出，是名“虎皮”。用已备好的肥瘦各半熟猪肉，切大片，下锅略煸，加葱、姜、蒜、酱油、绵白糖，兑入原猪肉汤，将豆腐推入，加盖猛火煮二三开，即放小火咕嘟。约十五分钟，收汤，即可装盘。这就是“虎皮豆腐”。如加冬菇、虾米、辣椒及豆豉即是“家乡豆腐”。或加菌油，即是湖南有名的“菌油豆腐”——菌油豆腐也有不用油煎的。

“文思和尚豆腐”是清代扬州有名的素菜，好几本菜谱著录，但我在扬州一带的寺庙和素菜馆的菜单上都没有见到过。不知道文思和尚豆腐是过油煎了的，还是不过油煎的。我无端地觉得是油煎了的，而且无端地觉得是用黄豆芽吊汤，加了上好的口蘑或香蕈、竹笋，用极好秋油、文火熬成。什么时候材料凑手，我将根据想象，试做一次文思和尚豆腐。我的文思和尚豆腐将是素菜荤做，放猪油，放虾籽。

虎皮豆腐切大片，不过油煎的烧豆腐则宜切块，六七分见方。北方小饭铺里肉末烧豆腐，是常备菜。肉末烧豆腐亦称家常豆腐。烧豆腐里的翘楚，是麻婆豆腐。相传有陈婆婆，脸上有几粒麻子，在乡场上摆一个饭摊，挑油的脚夫路过，常到她的饭摊上吃饭，陈婆婆把油桶底下剩的油刮下来，给他们烧豆腐。后来大人先生也特意来吃她烧的豆腐。于是麻婆豆腐名闻遐迩。陈麻婆是个值得纪念的人物，中国烹饪史上应为她大书一笔，因为麻婆豆腐确实很好吃。做麻婆豆腐的要领是：一要油多。二要用牛肉末。我曾做过多次麻婆豆腐，都不是那个味儿，后来才知道我用的是瘦猪肉末。牛肉末不能用猪肉末代替。三是要用郫县豆瓣。豆瓣须剁碎。四是要用文火，俟汤汁渐渐收入豆腐，才起锅。五是起锅时要撒一层川花椒末。一定得用川花椒，即名为“大红袍”者。用山西、河北花椒，味道即差。六是盛出就吃。如果正在喝酒说话，应该把说话的嘴腾出来。麻婆豆腐必须是：麻、辣、烫。

昆明最便宜的小饭铺里有小炒豆腐。猪肉末，肥瘦，豆腐捏碎，同炒，加酱油，起锅时下葱花。这道菜便宜，实惠，好吃。不加酱油而用盐，与番茄同炒，即为番茄炒豆腐。番茄须烫过，撕去皮，炒至成酱，番茄汁渗入豆腐，乃佳。

砂锅豆腐须有好汤，骨头汤或肉汤，小火炖，至豆腐起蜂窝，方好。砂锅鱼头豆腐，用花鲢（即胖头鱼）头，劈为两半，下冬菇、扁尖（腌青笋）、海米，汤清而味厚，非海参鱼翅可及。

“汪豆腐”好像是我的家乡菜。豆腐切成指甲盖大的小薄片，推入虾子酱油汤中，滚几开，勾薄芡，盛大碗中，浇一勺熟猪油，即得。叫做“汪豆腐”，大概因为上面泛着一层油。用勺舀了吃。吃时要小心，不能性急，因为很烫。滚开的豆腐，上面又是滚开的油，吃急了会烫坏舌头。我的家乡人喜欢吃烫的东西，语云：“一烫抵三鲜。”乡下人家来了客，大都做一个汪豆腐应急。周巷汪豆腐很有名。我没有到过周巷，周巷汪豆腐好，我想无非是虾籽多，油多。近年高邮新出一道名菜：雪花豆腐，用盐，不用酱油。我想给家乡的厨师出个主意：加入蟹白（雄蟹白的油即蟹的精子），这样雪花豆腐就更名贵了。

不知道为什么，北京的老豆腐现在见不着了，过去卖老豆腐的摊子是很多的。老豆腐其实并不老，老，也许是和豆腐脑相对而言。老豆腐的佐料很简单：芝麻酱、腌韭菜末。爱吃辣的浇一勺青椒糊。坐在街边摊头的矮脚长凳上，要一碗老豆腐，就半斤旋烙的大饼，夹一个薄脆，是一顿好饭。

四川的豆花是很妙的东西，我和几个作家到四川旅游，在乐山吃饭。几位作家都去了大馆子，我和林斤澜钻进一家只有穿草鞋的乡下人光顾的小店，一人要了一碗豆花。豆花只是一碗白汤，啥都没有。豆花用筷子夹出来，蘸“味碟”里的作料吃。味碟里主要是豆瓣。我和斤澜各吃了一碗热腾腾的白米饭，很美。豆花汤里或加切碎的青菜，则为“菜豆花”。北京的豆花庄的豆花乃以鸡汤煨成，过于讲究，不如乡坝头的豆花存其本味。

北京的豆腐脑过去浇羊肉口蘑渣熬成的卤。羊肉是好羊肉，口蘑渣是碎黑片蘑，还要加一勺蒜泥水。现在的卤，羊肉极少，不放口蘑，只是一锅稠糊糊的酱油黏汁而已。即便是过去浇卤的豆腐脑，我觉得也不如我们家乡的豆腐脑。我们那里的豆腐脑温在紫铜扁钵的锅里，用紫铜平勺盛在碗里，加秋油、滴醋、一点点麻油，小虾米、榨菜末、芹菜（药芹即水芹菜）末。清清爽爽，而多滋味。

中国豆腐的做法多矣，不胜记载。四川作家高缨请我们在乐山的山上吃过一次豆腐宴，豆腐十好几样，风味各别，不相雷同。特别是豆腐的质量极好。掌勺的老师傅从磨豆腐到烹制，都是亲自为之，绝不假手旁人。这一顿豆腐宴可称寰中一绝！

豆腐干南北皆有。北京的豆腐干比较有特点的是熏干。熏干切长片拌芹菜，很好。熏干的烟熏味和芹菜的芹菜香相得益彰。花干、苏州干是从南边传过来的，北京原先没有。北京的苏州干只是用味精取鲜，苏州的小豆腐干是用酱油、糖、冬菇汤煮出后晾得半干的，味长而耐嚼。从苏州上车，买两包小豆腐干，可以一直嚼到郑州。香干亦称茶干。我在小说《茶干》中有较细的描述：

……豆腐出净渣，装在一个小蒲包里，包口扎紧，入锅，码好，投料，加上好香油，上面用石头压实，文火煨煮，要煮很长时间。煮得了，再一块一块从蒲包里倒出来，这种茶干是圆形的，周围较厚、中间较薄，周身有蒲包压出来的细纹……这种茶干外皮是深紫色的，掰了，里面是浅褐色的。很结实，嚼起来很有咬劲，越嚼越香，是佐茶的妙品，所以，叫做“茶干”。

茶干原出界首镇，故称“界首茶干”。据说乾隆南巡，过界首，曾经品尝过。

干丝是淮扬名菜。大方豆腐干，快刀横披为片，刀工好的师傅一块豆腐干能片十六片；再立刀切为细丝。这种豆腐干是特制的，极坚致，切丝不断，又绵软，易吸汤汁。旧本只有拌干丝。干丝入开水略煮，捞出后装高足浅碗，浇麻油酱醋。青蒜切寸段，略焯，五香花生米搓去皮，同拌，尤妙。煮干丝的兴起也就是五六十年的事。干丝母鸡汤煮，加开阳（大虾米）火腿丝。我很留恋拌干丝，因为味道清爽，现在只能吃到煮干丝了。干丝本不是“菜”，只是吃包子烧麦的茶馆里，在上点心之前喝茶时的闲食。现在则是全国各地淮扬菜系的饭馆里都预备了。我在北京常做煮干丝，成了我们家的保留节目。北京很少遇到大白豆腐干，只能用豆腐片或百页切丝代替。口感稍差，味道却不逊色，因为我的煮干丝里下了干贝。煮干丝没有什么诀窍，什么鲜东西都可往里搁。干丝上桌前要放细切的姜丝，要嫩姜。

臭豆腐是中国人的一大发明。我在上海、武汉都吃过。长沙火宫殿的臭豆腐毛泽东年轻时常去吃。后来回长沙，又特意去吃了一次，说了一句话：“火宫殿的臭豆腐还是好吃。”这就成了

“最高指示”，写在照壁上。火宫殿的臭豆腐遂成全国第一。油炸臭豆腐干，宜放辣椒酱、青蒜。南京夫子庙的臭豆腐干是小方块，用竹签像冰糖葫芦似的串起来卖，一串八块。昆明的臭豆腐不用油炸，在炭火盆上搁一个铁篦子，臭豆腐干放在上面烤焦，别有风味。

在安徽屯溪吃过霉豆腐，长条豆腐，长了二寸长的白色的绒毛，在平底锅中煎熟，蘸酱油辣椒青蒜吃。凡到屯溪者，都要去尝尝。

豆腐乳各地都有。我在江西进贤参加土改，那里的农民家家都做腐乳。进贤原来很穷，没有什么菜吃，顿顿都用豆腐乳下饭。做豆腐乳，放大量辣椒面，还放柚子皮，味道非常强烈，广西桂林、四川忠县、云南路南所出豆腐乳都很有名，各有特点。腐乳肉是苏州松鹤楼的名菜，肉味浓醇，入口即化。广东点心很多都放豆腐乳，叫做“南乳 ×× 饼”。

南方人爱吃百页。百页结烧肉是宁波、上海人家常吃的菜。上海老城隍庙的小吃店里卖百页结：百页包一点肉馅，打成结，煮在汤里，要吃，随时盛一碗。一碗也就是四五只百页结。北方的百页缺韧性，打不成结，一打结就断。百页可入臭卤中腌臭，谓之“臭千张”。

杭州知味观有一道名菜：炸响铃。豆腐皮（如过干，要少润一点水），瘦肉剁成细馅，加葱花细姜末，入盐，把肉馅包在豆腐皮内，成一卷，用刀剁成寸许长的小段，下油锅炸得馅熟皮酥，

即可捞出。油温不可太高，太高豆皮易煳。这菜嚼起来发脆响，形略似铃，故名响铃。做法其实并不复杂。肉剁极碎，成泥状（最好用刀背剁），平摊在豆腐皮上，折叠起来，如小钱包大，入油炸，亦佳。不入油炸，而以酱油冬菇汤煮，豆皮层中有汁，甚美。北京东安市场拐角处解放前有一家肉店宝华春，兼卖南味熟肉，卖一种酒菜：豆腐皮切细条，在酱肉汤中煮透，捞出，晾至微干，很好吃，不贵。现在宝华春已经没有了。豆腐皮可做汤。炖酥腰（猪腰炖汤）里放一点豆腐皮，则汤色雪白。

谈酒

周作人

照我说来，酒的趣味只是在饮的时候，我想悦乐大抵在做的这一刹那，倘若说是陶然那也当是杯在口的一刻吧。醉了，困倦了，或者应当休息一会儿，也是很安舒的，却未必能说酒的真趣是在此间。

这个年头儿，喝酒倒是很有意思的。我虽是京兆人，却生长在东南的海边，是出产酒的有名地方。我的舅父和姑父家里时常做几缸自用的酒，但我终于不知道酒是怎么做法，只觉得所用的大约是糯米，因为儿歌里说：“老酒糯米做，吃得变 nionio”——末一字是本地叫猪的俗语。做酒的方法与器具似乎都很简单，只有煮的时候的手法极不容易，非有经验的工人不办，平常做酒的人家大抵聘请一个人来，俗称“酒头工”，以自己不能喝酒者为最上，叫他专管鉴定煮酒的时节。有一个远房亲戚，我们叫他“七斤公公”——他是我舅父的族叔，但是在他家里做短工，所以舅母只叫他作“七斤老”，有时也听见她叫“老七斤”，是这样的酒头工，每年去帮人家做酒；他喜吸旱烟，说玩话，打马将，但是不大喝酒（海边的人喝一两碗是不算能喝，照市价计算也不值十文钱酒），所以生意很好，时常跑一二百里路被招到诸暨嵊县去。据他说这实在并不难，只须走到缸边屈着身听，听见里边起泡的声音切切察察的，好像是螃蟹吐沫（儿童称为蟹煮饭）的样子，便拿来煮就得了；早一点酒还成，迟一点就变酸了。但是怎么是恰好的时期，别人仍不能知道，只有听熟的耳朵才能够断定，正如古董家的眼睛辨别古物一样。

大人家饮酒多用酒盅，以表示其斯文，实在是不对的。正当的喝法是用一种酒碗，浅而大，底有高足，可以说是古已有之的香槟杯。平常起码总是两碗，合一“串筒”，价值似是六文一碗。串筒略如倒写的凸字，上下部如一与三之比，以洋铁为之，无盖无嘴，可倒而不可筛，据好酒家说酒以倒为正宗，筛出来的不大好吃。唯酒保好于量酒之前先“荡”（置水于器内，摇荡而洗涤之谓）串筒，荡后往往将清水之一部分留在筒内，客嫌酒淡，常起争执，故喝酒老手必先诫堂倌以勿荡串筒，并监视其量好放在温酒架上。能饮者多索竹叶青，通称曰“本色”，“元红”系状元红之略，则着色者，唯外行人喜饮之。在外省有所谓花雕者，唯本地酒店中却没有这样东西。相传昔时人家生女，则酿酒贮花雕（一种有花纹的酒坛）中，至女儿出嫁时用以饷客，但此风今已不存，嫁女时偶用花雕，也只临时买元红充数，饮者不以为珍品。有些喝酒的人预备家酿，却有极好的，每年做醇酒若干坛，按次第埋园中，二十年后掘取，即每岁皆得饮二十年陈的老酒了。此种陈酒例不发售，故无处可买，我只有一回在旧日业师家里喝过这样好酒，至今还不曾忘记。

我既是酒乡的一个土著，又这样的喜欢谈酒，好像一定是个与“三酉”结不解缘的酒徒了。其实却大不然。我的父亲是很能喝酒的，我不知道他可以喝多少，只记得他每晚用花生米水果等下酒，且喝且谈天，至少要花费两点钟，恐怕所喝的酒一定很不少了。但我却是不肖，不，或者可以说有志未逮，因为我很喜欢喝酒而不会喝，所以每逢酒宴我总是第一个醉与脸红的。自从辛酉患病后，医生叫我喝酒以代药饵，定量是勃兰地每回二十格阑姆，葡萄酒与老酒等倍之，六年以后酒量一点没有进步，到现在只要喝下一百格阑姆的花雕，便立刻变成关夫子了。（以前大家笑谈称作“赤化”，此刻自然应当谨慎，虽然是说笑话。）有些有不醉之量的，愈饮愈是脸白的朋友，我觉得非常可以欣羡，只可惜他们愈能喝酒便愈不肯喝酒，好像是美人之不肯显示她的颜色，这实在是太不应该了。

黄酒比较的便宜一点，所以觉得时常可以买喝，其实别的酒也未尝不好。白干于我未免过凶一点，我喝了常怕口腔内要起泡，山西的汾酒与北京的莲花白虽然可喝少许，也总觉得不很和善。日本的清酒我颇喜欢，只是仿佛新酒模样，味道不很静定。葡萄酒与橙皮酒都很可口，但我以为最好的还是勃兰地。我觉得西洋人不很能够了解茶的趣味，至于酒则很有工夫，决不下于中国。天天喝洋酒当然是一个大的漏卮，正如吸烟卷一般，但不必一定进国货党，咬定牙根要抽净丝，随便喝一点什么酒其实都是无所不可的，至少是我个人这样的想。

喝酒的趣味在什么地方？这个我恐怕有点说不明白。有人说，酒的乐趣是在醉后的陶然的境界，但我不很了解这个境界是怎样的，因为我自饮酒以来似乎不大陶然过，不知怎的我的醉大抵都只是生理的，而不是精神的陶醉。所以照我说来，酒的趣味只是在饮的时候，我想悦乐大抵在做的这一刹那，倘若说是陶然那也当是杯在口的一刻吧。醉了，困倦了，或者应当休息一会儿，也是很安舒的，却未必能说酒的真趣是在此间。昏迷，梦魇，呓语，或是忘却现世忧患之一法门；其实这也是有限的，倒还不如把宇宙性命都投在一口美酒里的耽溺之力还要强大。我喝着酒，一面也怀着“杞天之虑”，生恐强硬的礼教反动之后将引起颓废的风气，结果是借醇酒妇人以礼教的迫害，沙宁（Sanin）时代的出现不是不可能的。但是，或者在中国什么运动都未必彻底成功，青年的反拨力也未必怎么强盛，那么杞天终于只是杞天，仍旧能够让我们喝一口非耽溺的酒也未可知。倘若如此，那时喝酒又一定另外觉得很有意思了吧？

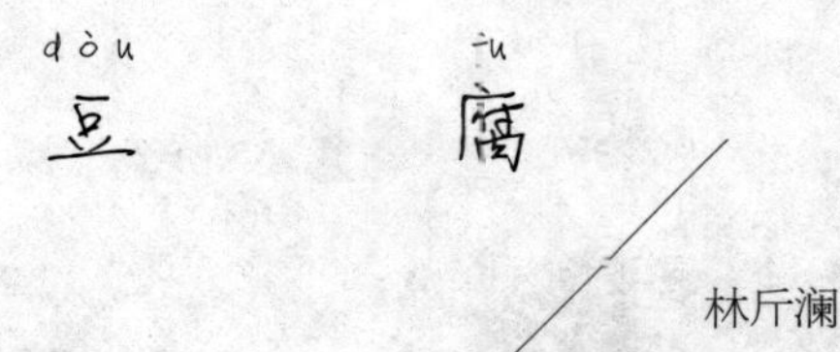

叫人想念的东西，往往和故乡和童年有关。我的豆腐却关系不大，这东西十方圆通，老少无欺。

谁都有几样可口的东西。年轻时可口就行，年纪大了还要可胃可肠可养生。常吃不腻，常不吃想吃。我几样里头，有一样是豆腐。

豆腐太家常了，又便宜，天天吃顿顿吃也不犯难。我在北京住了四十年，头五年方便，后来渐渐少见了。有几年只在过年时节，凭本买到砖头块似的冻豆腐。有几年隔三岔五地来豆腐，但那长队也排不起。近十年有了“农贸市场”，有“个体”豆腐，贵一点先不说，总有“火烟”味儿。据说那是制作过程中，点卤用料的缘故。

叫人想念的东西，往往和故乡和童年有关。我的豆腐却关系不大，这东西十方圆通，老少无欺。

豆腐可以粗吃。我在京西农村里，常见一位钢厂工人下班回家，走过小店门口，见有豆腐，就要一双筷子挑起一块，连盐面儿也不撒，白嘴白豆腐，几嘴给吧嗒下去了。可以用筷子挑起来吃的是北方豆腐，那也得冷天，半冻状态。这位吃了一块又一块，连挑三块不在话下。小店主人总是感动，陪着小声说道：

“有火，心口有火。”

这是我眼见里最豪放的豆腐吃家。

豆腐又“不厌精”“不厌细”。素席上要的是豆制品，豆腐当仁不让，可冷盘，可热炒，可做汤头压轴。厚明老弟去年过早作古，我曾和他在普陀岛上普陀寺中，吃过知客僧做东的一桌素菜。那仿制的鸡鸭鱼肉真是工艺品不消细说，一碗带汤勾芡的豆腐羹，味道竟如“西施舌”。

“西施舌”是东海滩涂上产量极少的贝壳动物。十分鲜嫩，口感异常细腻。把名目起得那么艳丽，那要加些想象。把豆腐做到这个地步，东道主若不是和尚，我就要主张起名“素西施舌”了。

北京“药膳”的一份豆腐羹，放了些当归黄芪吧，价钱和一只烤鸭差不多。我这个吃豆腐的，也觉得还是吃鸭子划得来。

厨师做豆腐，总以为豆腐太“白”无味，重油，重味精，去年冬天上武夷山，住银河饭店，恰好遇着旅游淡年，冬天又是淡季。楼中竟只有我们一帮五六个客人。主人殷勤接待，叫点菜，说上山需吃野味，麂、蛇、甲鱼、狗肉都是弄得到的，我点了个豆腐。

主人以为玩笑，问：“怎么做？”

“凉拌。”

“不下锅？”

“生吃。”

端上来一中盘，盘底汪着酱油，酱油上面汪着麻油。中间是方块豆腐，汪汪一层碎蒜叶子。放到嘴里品品，有沙沙细声，那是味精多得化不开。

叫我想起东北一位作家，也是老弟，也过早辞世了。和他一起上馆子，他会嗖地掏出五百克袋装味精，不言声，不由分说，满盘满碗哗哗撒将起来。

乡镇小酒店里，坐在柜台外边小方桌上，若没有盘子要一个饭碗也好，把一块豆腐拌上小葱，若不是小葱时节，放半匙辣椒糊，或是盐腌韭菜花，或撒上榨菜碎末，就是两个指头撮点细盐上去也可以了。吃豆腐吃的是“白”味，加咸加辣把“白”味提起来。

我老家善男信女逢斋吃素，或白事做素席，绝不会像普陀寺那么讲究。却有一样一看就会的做法，能叫人吃荤时节也想起来。那是把豆腐切片，放在煎锅里用少许油，稍稍撒点细盐，煎成两面黄。吃时，蘸“酱油醋”吃。

“酱油醋”，北方通称“调料”，西南叫“蘸碟”“蘸水”，这蘸着吃，是个好吃法，可以满足各种口味，酸、甜、麻、辣、咸，还有葱、姜、蒜、香菜，各种酱和豆腐都可和平共处，相辅相成。连臭也会美起来，把臭豆腐的臭卤，加些白糖、醋、香油、蘸鲜鱼、鲜肉、白干、熏干，试试吧，别具一格。徽菜中有代表作“臭桂鱼”可做旁证。

蘸着吃是吃法中最简单，又最是“多层次”。这吃法可以吃到原物的原味，又可以吃到“多元多味”。食谱上应当单立一章。

两面黄煎豆腐片，我老家抬举进鱼类，叫“豆腐鲞”。不吃素时节也想吃，可以把白肉片挟着蘸着吃。

挟上猪头肉片更好，猪头肉中拱嘴部位尤佳。那部位“全天候”拱动，不但拱着吃食，还拱土拱糟拱圈，拱得那部位不肥不瘦也不是肉皮，仿佛三者调和匀净。

我能不想吃豆腐？

从香糟说到“鳜鱼宴”

cóng xiāng zāo shuō dào

guì yú yàn

王世襄

我是一个老饕，既爱吃，又爱做。

舍不得离开厨房，

宁可少吃两道，

也要多看几眼，

香糟菜就这样学到了几样。

世界上有许多国家都用酒来调味，不同的酒味有助于形成各地菜肴的特色。香糟是绍兴黄酒酿后的余滓，用它泡酒调味却是中国的一大发明，妙在糟香不同于酒香，做出菜来有它的特殊风味，决不是只用酒所能代替的。

山东流派的菜最擅长用香糟，各色众多，不下二三十种。由于我是一个老饕，既爱吃，又爱做，遇有学习机会决不肯放过。往年到东兴楼、豪丰楼等处吃饭，总要到灶边转转，和掌勺的师傅们寒暄几句，再请教技艺；亲友家办事请客，更舍不得离开厨房，宁可少吃两道，也要多看几眼，香糟菜就这样学到了几样。

其一是糟溜鱼片，最好用鳜鱼，其次是鲤鱼或梭鱼。鲜鱼去骨切成分许厚片，淀粉蛋清浆好，温油拖过。勺内高汤对用香糟泡的酒烧开，加姜汁、精盐、白糖等作料，下鱼片，勾湿淀粉，淋油使汤汁明亮，出勺倒在木耳垫底的汤盘里。鱼片洁白，木耳黝黑，汤汁晶莹，宛似初雪覆苍苔，淡雅之至。鳜鱼软滑，到口即融，香糟祛其腥而益其鲜，真堪称色、香、味三绝。

又一味是糟煨茭白或冬笋。夏、冬季节不同，用料亦异，做法则基本相似。茭白选用短粗脆嫩者，直向改刀后平刀拍成不规则的碎块。高汤加香糟酒煮开，加姜汁、精盐、白糖等作料，下茭白，开后勾薄芡，一沸即倒入海碗，茭白尽浮汤面。碗未登席，鼻观已开，一啜到口，芬溢齿颊。妙在糟香中有清香，仿佛身在莲塘菰蒲间。论其格调，信是无上逸品。厚味之后，有此一盘，弥觉口爽神怡。糟煨冬笋，笋宜先蒸再改刀拍碎。此二菜虽名曰"煨"，实际上都不宜大煮，很快就可以出勺。

自己做的香糟菜，和当年厨师做的相比，总觉得有些逊色。思考了一下，认识到汤与糟之间，有矛盾又有统一。高汤多糟少则味足而香不浓，高汤少糟多则香浓而味不足。香浓味足是二者矛盾的统一，其要求是高汤要真高，香糟酒要糟浓。当年厨师香糟酒的正规做法是用整坛黄酒泡一二十斤粮，放入布包，挂起来慢慢滤出清汁，加入桂花，澄清后再使用。过去的高汤是用鸡、鸭、肉等在深桶内熬好，再砸烂鸡脯放入桶内把汤吊清，清到一清如水，自己做香糟菜临时用黄酒泡糟，煮个鸡骨架就算高汤，怎能和当年厨师的正规做法相比呢？只好自叹弗如了。

但我也有过一次得意的香糟菜，只有一次，即使当年在东兴楼、泰丰楼也吃不到，那就是在湖北咸宁干校时做的“糟熘鳜鱼白加蒲菜”。

1973年春夏间，五七干校已进入逍遥时期，不时有战友调回北京。一次饯别宴会，去窑嘴买了十四条约两斤重的鳜鱼，一律选公的，亦中亦西，做了七个菜：炒咖喱鱼片、干烧鳜鱼、炸鳜鱼排（用西式炸猪排法）、糖醋鳜鱼、清蒸鳜鱼、清汤鱼丸和上面讲到的鱼白熘蒲菜，一时被称为“鳜鱼宴”。直到现在还有人说起那次不寻常的宴会。

鳜鱼一律选公的，就是为了要鱼白，十四条凑起来有大半碗。从湖里割来一大捆茭白草，剥出嫩心就成为蒲菜，每根二寸来长，比济南大明湖产的毫无逊色。香糟酒是我从北京带去的。三者合一，做成后鱼白柔软鲜美，腴而不腻，蒲菜脆嫩清香，恍如青玉簪，加上香糟，其妙无比，妙在把糟熘鱼片和糟煨茭白两个菜的妙处汇合到一个菜之中；进餐者吃得眉飞色舞，大快朵颐。相形之下，其他几个菜就显得不过如此了。

其实做这个菜并不难，只是在北京一下子要搞到十四条活蹦乱跳的公鳜鱼和一大捆新割下来的茭白草却是不容易罢了。

suān méi tāng hé táng hú lu
酸梅汤和糖葫芦

梁实秋

夏天喝酸梅汤，

冬天吃糖葫芦，

在北平是各阶级人人都能享受的事。

夏天喝酸梅汤，冬天吃糖葫芦，在北平是各阶级人人都能享受的事。不过东西也有精粗之别。琉璃厂信远斋的酸梅汤与糖葫芦，特别考究，与其他各处或街头小贩所供应者大有不同。

徐凌霄《旧都百话》关于酸梅汤有这样的记载：

暑天之冰，以冰梅汤为最流行，大街小巷，干鲜果铺的门口，都可以看见“冰镇梅汤”四字的木檐横额。有的黄底黑字，甚为工致，迎风招展，好似酒家的帘子一样，使过往的热人，望梅止渴，富于吸引力。昔年京朝大老，贵客雅流，有闲工夫，常常要到琉璃厂逛逛书铺，品品古董，考考版本，消磨长昼。天热口干，辄以信远斋酸梅汤为解渴之需。

信远斋铺面很小，只有两间小小门面，临街是旧式玻璃门窗，拂拭得一尘不染，门楣上一块黑漆金字匾额，铺内清洁简单，地道北平式的装修。进门右手方有黑漆大木桶，里面有一大白瓷罐，罐外周围全是碎冰，罐里是酸梅汤，所以名为冰镇。北平的冰是从什刹海或护城河挖取藏在地窖内的，冰块里可以看见草皮木屑，泥沙秽物更不能避免，是不能放在饮料里喝的。什刹海会贤堂的名件“冰碗”，莲蓬、桃仁、杏仁、菱角、藕都放在冰块上，食客不嫌其脏，真是不可思议。有人甚至把冰块放在酸梅汤里！信远斋的冰镇就高明得多了。因为桶大罐小冰多，喝起来凉沁脾胃。它的酸梅汤的成功秘诀，是冰糖多、梅汁稠、水少，所以味浓而酽。上口冰凉，甜酸适度，含在嘴里如品纯醪，舍不得下咽。很少人能站在那里喝那一小碗而不再喝一碗的。抗战胜利还乡，我带孩子们到信远斋，我准许他们能喝多少碗都可以。他们连尽七碗方始罢休。我每次去喝，不是为解渴，是为解馋。我不知道为什么没有人动脑筋把信远斋的酸梅汤制为罐头行销各地，而一任“可口可乐”到处猖狂。

信远斋也卖酸梅卤、酸梅糕。卤冲水可以制酸梅汤，但是无论如何不能像站在那木桶旁边细啜那样有味。我自己在家也曾试做，在药铺买了乌梅，在干果铺买了大块冰糖，不惜工本，仍难如愿。信远斋掌柜姓萧，一团和气，我曾问他为何仿制不成，他回答得很妙："请您过来喝，别自己费事了。"

信远斋也卖蜜饯、冰糖子儿、糖葫芦。以糖葫芦为最出色。北平糖葫芦分三种。一种用麦芽糖，北平话是糖稀，可以做大串山里红的糖葫芦，可以长达五尺多，这种大糖葫芦，新年厂甸卖的最多。麦芽糖裹水杏儿（没长大的绿杏），很好吃，做糖葫芦就不见佳，尤其是山里红常是烂的或是带虫子屎。另一种用白糖和了粘上去，冷了之后白汪汪的一层霜，另有风味。正宗的是冰糖葫芦，薄薄一层糖，透明雪亮。材料种类甚多，诸如海棠、山药、山药豆、杏干、葡萄、橘子、荸荠、核桃，但是以山里红为正宗。山里红即山楂，北地盛产，味酸，裹糖则极可口。一般的糖葫芦皆用半尺来长的竹签，街头小贩所售，多染尘沙，而且品质粗劣。东安市场所售较为高级。但仍以信远斋所制为最精，不用竹签，每一颗山里红或海棠均单个独立，所用之果皆硕大无疵，而且干净，放在垫了油纸的纸盒中由客携去。

离开北平就没吃过糖葫芦了，实在想念。近有客自北平来，说起糖葫芦，据称在北平这种不属于任何一个阶级的食物几已绝迹。他说我们在台湾自己家里也未尝不可试做，台湾虽无山里红，其他水果种类却不少，沾了冰糖汁，放在一块涂了油的玻璃板上，送入冰箱冷冻，岂不即可等着大嚼？他说他制成之后将邀我共尝，但是迄今尚无下文，不知结果如何。

chī xiè
吃蟹

周作人

螃蟹是不是资产阶级的食物，

这回答很不大容易。

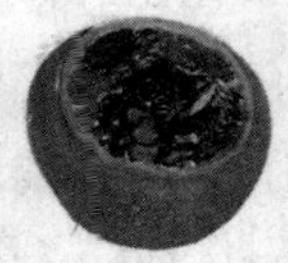

螃蟹是不是资产阶级的食物，这回答很不大容易。像正阳楼所揭示的胜芳大蟹，的确只有官绅巨贾才吃得起，以前的教书匠们也只能集资聚餐，偶尔去一次而已。可是光绪年间在南京读书的时候，曾经同叔父用了两角小洋买蟹，两个人勉力把蟹炖了吃了，剩了半锅的肥大的蟹脚没有办法。现在说来虽然已是古话，这可见又是并不贵了。

吃蟹本是鲜的好，但那醉的腌的也别有味道，很是不坏。醉蟹在都市上虽有出售，乡间只有家里自制，所以比较不易得到，腌蟹则到时候满街满店，有俯拾即是之慨，说是某一季的民众副食物也不为过。腌蟹通称准蟹，译音如此，不知道是哪里来的，形状仍是普通的湖蟹，好的其味不亚于醉蟹，只是没有酒气。俗语云，九月团脐十月尖，这说明那时是团脐蟹的黄或尖脐蟹的膏最好吃，实际上也是这顶好吃，别的肉在其次。腌蟹的这两部分也是美味，而且据我看还可以说超过鲜蟹，这可以下饭，但过酒更好，不知道喝老酒的朋友有没有赞成这话的。腌蟹的缺点是那相貌不好，俨然是一只死蟹，就是拆作一胛一胛的，也还是那灰青的颜色。从前有人说过，最初吃蟹的人胆量可佩服，若是吃腌蟹的，岂不更在其上了么？

螺蛳

郑逸梅

晓风柳岸步迟迟，

手执筠筐向水湄。

笑煞渔家小姑娘，

先生也学摸螺蛳。

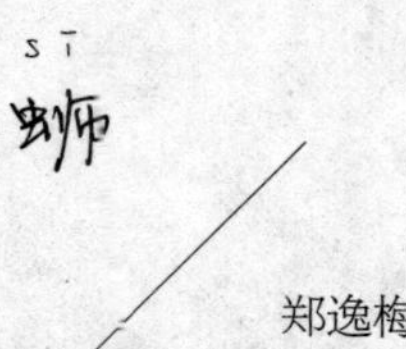

家肴隽洁，螺蛳虽一二簋已足适口充肠。不必以食前方丈为贵也。迭日荆人烹制螺蛳，盖荆人与予有同嗜焉。螺蛳，亦称蛳螺。为动物之有旋线硬壳，其体可以宛转藏伏者。大者曰田螺，小者曰螺蛳。于兹初春时节，为应时鲜品，过此则未免有水蛭寄生，日孕软壳胎螺甚多，殊不相宜也。

螺蛳为平民化食物，每斤只

百数十文。小菜所购者，大都已去其尾壳，不可多隔时日，多隔时日即死，然进啖时少铰剪之烦，得朵颐之快，亦有足取者。

是物产于水田中，繁殖异常。农民可涉足水田中摸取之，盈筐满担，载以入市。我入购之归，以清水浸之，俾去泥滓，烹以油酒酱油，火候必须相当，否则过犹不及，食取其肉均甚艰涩也。或调味后，置于饭镬之上蒸之，亦熟，有稍和糟汁者，尤为香烈而美。

友人陶孝初，述其表叔朱颂华在乡教读，家贫甚，又自膳，每日晓起，至溪边摸螺蛳，为佐膳之品。久之，乡人笑指为摸螺蛳先生。孝初之父戏赠以诗曰："晓风柳岸步迟迟，手执筠筐向水湄。笑煞渔家小姑娘，先生也学摸螺蛳。"诗出，一时传为笑柄。

江湖卖技，以诙谐说唱为业者，必须舌底翻澜，滔滔不绝为止，若一迟钝，便不动听，故术语称迟钝曰："吃螺蛳。"

曩岁，倭卒犯沪，予与居停但氏，俱以家在战区，仓皇出走。予寄寓辛家花园，但氏亦暂赁屋于静安寺路安乐坊居停家。群居谈笑，藉以消磨，其时适在春初，螺蛳充斥，我侪日以螺蛳为下酒物，而殷明珠女士嗜之尤甚，能啖螺蛳尽一器，至今回忆，此景此情，犹在目前也。

tāng yuán shè wài

汤圆涉外

林斤澜

信步夜市，“灯火阑珊处”，

“蓦然回首”，

乃“众里”吃过“千百度”，

普及东西南北的，

如汤圆，如馄饨。

有朋友看了前边几段，说，反正楠溪江靠山沿海，嵌在宝地上就是了。提名点到的饮食都是土特产，是“稀罕物儿”，别地别人无法比较。

好道！殊不知北京去的作家，当场就有所闪烁。如从维熙，京东老戆也。毋国政、郑万隆，或关内或关外，或老蔫或老棒子也。邵燕祥籍江南，落得秀士一表，居心却是燕赵脾味。为比，信步夜市，“灯火阑珊处”，“蓦然回首”，乃“众里”吃过“千百度”，普及东西南北的，如汤圆，如馄饨。

汤圆字汤团，号元宵。北方用摇煤球法，把馅放在粉上，摇滚成球。南方用水磨米粉，手捏手搓而成。看来不过方法有别，吃起来却是大异其趣。其趣肯定不属生肖，没准属天机。君不闻南北流传同样佳话：老外吃汤圆，百思不解——馅儿是怎么放进去的？正是人家制造无缝钢管的千百年前，我们的祖宗早会制造无缝汤圆了。

全国各地，都有自己的名牌汤圆、老牌汤圆、正宗汤圆，四川成都的赖汤圆，久负盛名之至矣！

汤圆又多外号，外号实表内心，如豆沙汤圆、玫瑰汤圆、什锦汤圆、咸肉汤圆、珍珠汤圆……楠溪江一带，首推麻心汤圆。麻心者，表明芝麻必不可少，还有一事至关重要，猪油非它油可以替代也。

却说率众来到汤圆摊前，摊主一迭连声——老司伯、老司嬷、老司斋（姐）、老司父（傅）……一手揭锅、一手执勺，眼睛溜溜转，汤头上下转到。客人个个转到。这是本地生意人的本领，叫作眼到、嘴到、笑到、手到、钞票到……

不知是谁的吩咐，转眼间，递过来一人一碗，几位失声叫道：

“啊呀！吃不了。”

“晚饭还没下去，腾不出地方……唉！肚子就是个实心大汤圆。”

“吃点儿消食的去吧，这个，胀肚。”

有谁作郑重声明：

“诸位，先尝一口，撮它两个也好，开掉一半也请便请便……”

长者汪曾祺，身兼美食权威，一勺下去一只，瞪目、愣神，飞快又一勺，当机立断：“我吃得完！”

不瞒俗话说：“千锤打锣，一锤定音。只见众生全部进入美学的接受境界。”

皇天！这东西到了口中，外头反先自饴饴地摊开了，麻心甜甜的不粘牙，香香的不冲鼻，猪油是觉不着它的，只觉着饴里、甜里、香里全都滑溜溜，朝喉头滑翔……

听见叹道：“超过赖汤圆。”

此话涉外——外省之外，暂不具名姓，略供参考。

wú zhōu dòu jiāng

梧州豆浆

秦牧

看似平常的产品，只要出类拔萃，别开生面，时常就能一枝独秀，饮誉四方。

梧州也有一种饮料，令人津津乐道。说来有趣，这东西竟是平平常常的豆浆。

一招鲜，吃遍天。

江湖卖艺人的这句谚语，其实不止适用于杂技界、戏曲界，也同样适用于饮食行业。

一种看似平常的产品，只要它的确出类拔萃，别开生面，时常就能一枝独秀，饮誉四方。

北京烤鸭，德州扒鸡，天津“狗不理”包子，孝感麻糖，西安羊肉泡馍，苏州香腐，镇江酱菜，黄桥烧饼之类的东西，就是这样闯出来的。

各种软饮料，啤酒，酸梅汤，那些顶儿尖儿的名牌，都是这样闯出来的。

梧州也有一种饮料，令人瞩目，津津乐道。说来有趣，这东西竟是平平常常的豆浆。油条豆浆，这是中国众多城市都有的大众食品，许许多多的车站旁边，早晚都见到有小贩在叫卖。蹲在这些摊子旁边喝上一两碗，是许多旅人都有的经验。物虽平常，那风味却给我留下深刻的印象。

然而全国竟有一个地方，豆浆成为名产，增加了城市的声誉，这地方就是梧州。

在这座西江旁边的广西山城，经常都听到人们在谈论豆浆。你如果到那儿去做客，就会常听到主人们这样的言辞：

“你喝过我们这里的豆浆没有？”

“我们这儿的滴珠豆浆顶好的，什么时候老兄得去试试！”

“明早请你喝豆浆吧！今天我们先去预订一席。”

什么，什么？喝豆浆还需要预订一席吗？殊不知在梧州，这倒是实事。梧州的豆浆，不是“引车卖浆”的人过街喊卖的，它是最正宗最大的一家豆浆馆，就像酒楼似的，气派很大，每天早上常有好几十批人轮番光顾。因此，每逢节假日，还有“预订一席”的事。有些在当地召开的全国性会议，也全部被邀到那儿光顾去了。

我好几次到梧州都随友人光顾了这豆浆馆。

听说它起初原是一座小棚寮，随着声名远播，它逐步扩大了建筑，如今，早已成为宽敞的楼馆。它有两层楼，好几个大厅，每个厅堂里面，摆了许多八仙桌，每天早晨，门外居然还有小汽车、旅行车呢，端的来头不小！这里出售豆浆，是以“一客”为单位的，每一客除了豆浆之外，还配以饼食、马蹄糕一类东西，一客收好几块钱。

每一位客人发一个大碗，服务员不断提壶加冲。它的豆浆供应方式也像西方的咖啡馆或者中国茶楼似的，咖啡和茶水不限量地供应。和当地的朋友谈起，我得知人们的肚量是相差很大的。一般人只喝一两碗，但也有人能够喝四碗五碗，听说最高纪录是有人喝过八碗。那大概也是“大块吃肉，大碗喝酒”之辈啦。

梧州的豆浆着实好喝，浓郁芬芳，热气腾腾，那模样儿仿佛就是一碗碗鲜奶。我在全国各个城市喝过的豆浆，从未有凌驾其上的。所谓“滴珠豆浆”也者，就是如果注入一滴到茶水里面，它会像一粒粒珠子似的，保持原貌一直沉下去。我每一次到这豆浆馆去，都连喝三大碗。这纪录，也算是“比上不足，比下有余”。

梧州居桂江、浔江汇流之处，两条江水颜色不同，汇合在一起的时候，出现了一条呈现异彩的两色江，人们把它叫做“鸳鸯江”。这鸳鸯江畔，每年七夕傍晚，累千累万情侣齐集戏水的地方，就算在平时，它也是当地一大胜景。梧州周围，是群山万壑的山区，因此，它成为山珍百货的集散之地，建有巨大的活蛇仓库，这蛇库雄视全国，是梧州出色的地方，再加上这豆浆，它们都已成为梧州的城市象征了。

梧州的豆浆，不只在豆浆馆里卖，还设厂制成一袋袋、一盒盒干品，远销海内外，当地人们馈赠远方来客，礼品少不了这类东西。足见，梧州人对于当地这样独标一格的产品，也是相当自豪的。

同是一样的黄豆，为什么在梧州制造出来的豆浆这样脍炙人口呢？有人说这是因为那里的山泉特别好，我却以为未必尽然，名泉名井到处都有，为什么其他地方的豆浆，就显得逊色呢？我想梧州必有什么大师傅，精益求精，标新立异，这才闯出这样的局面来。一种平平常常的东西，做到“一招鲜”，就能“吃遍天”，这方面，梧州豆浆，不但在饮食领域，也在其他领域给了人们重要的启发。

zhōu
粥

梁实秋

我不爱吃粥。

也有例外。母亲若是亲自熬一小薄铫儿的粥，分半碗给我吃，我甘之如饴。

我不爱吃粥。小时候一生病就被迫喝粥。因此非常怕生病。平素早点总是烧饼、油条、馒头、包子，非干物生噎不饱。抗战时在外作客，偶寓友人家，早餐是一锅稀饭，四色小菜大家分享。一小块酱豆腐在碟子中央孤立，一小撮花生米疏疏落落地撒在盘子中，一根油条斩作许多碎块堆在碟中成一小丘，一个完整的皮蛋在酱油碟中晃来晃去。不能说是不丰盛了，但是干噎惯了的人就觉得委屈，如果不算是虐待。

也有例外。我母亲若是亲自熬一小薄铫（音吊）儿的粥，分半碗给我吃，我甘之如饴。薄铫儿即是有柄有盖的小砂锅，最多能煮两小碗粥，在小白炉子的火口边上煮。不用剩饭煮，用生米淘净慢煨。水一次加足，不半途添水。始终不加搅和，任它翻滚。这样煮出来的粥，黏糊，烂，而颗颗米粒是完整的，香。再佐以笋尖火腿糟豆腐之类，其味甚佳。

一说起粥，就不免想起从前北方的粥厂，那是慈善机关或好心人士施舍救济的地方。每逢冬天就有不少鹑衣百结的人排队领粥。“饘粥不继”就是形容连粥都没得喝的人。“饘”是稠粥，粥指稀粥。喝粥暂时装满肚皮，不能经久。喝粥聊胜于喝西北风。

不过我们也必须承认，某些粥还是蛮好喝的。北方人家熬粥熟，有时加上大把的白菜心，俟菜烂再撒上一些盐和麻油，别有风味，名为“菜粥”。若是粥煮好后取嫩荷叶洗净铺在粥上，粥变成淡淡的绿色，有一股荷叶的清香渗入粥内，是为“荷叶粥”。从前北平有所谓粥铺，清晨卖“甜浆粥”，是用一种碎米熬成的稀米汤，有一种奇特的风味，佐以特制的螺丝转儿炸麻花儿，是很别致的平民化早点，但是不知何故被淘汰了。还有所谓大麦粥，是沿街叫卖的平民食物，有异香，也不见了。

台湾消夜所谓“清粥小菜”，粥里经常羼有红薯，味亦不恶。小菜真正是小盘小碗，荤素俱备。白日正餐大鱼大肉，消夜啜粥甚宜。

腊八粥是粥类中的综艺节目。北平雍和宫煮腊八粥，据《旧京风俗志》，是由内务府主办，惊师动众，这一顿粥要耗十万两银子！煮好先恭呈御用，然后分别赏赐王公大臣，这不是喝粥，这是招摇。然而煮腊八粥的风俗深入民间至今弗辍。我小时候喝腊八粥是一件大事。午夜才过，我的二舅爹爹（我父亲的二舅父）就开始作业，搬出擦得锃光大亮的大小铜锅两个，大的高一尺开外，口径约一尺。然后把预先分别泡过的五谷杂粮如小米、红豆、老鸡头、薏仁米，以及粥果如白果、栗子、红枣、桂圆肉之类，开始熬煮，不住的用长柄大勺搅动，防黏锅底。两锅内容不太一样，大的粗糙些，小的细致些，以粥果多少为别。此外尚有额外精致粥果另装一盘，如瓜子仁、杏仁、葡萄干、红丝青丝、松子、蜜饯之类，准备临时放在粥面上的。等到腊八早晨，每人一大碗，尽量加红糖，稀里呼噜的喝个尽兴。家家熬粥，家家送粥给亲友，东一碗来，西一碗去，真是多此一举。剩下的粥，倒在大绿釉瓦盆里，自然凝冻，留到年底也不会坏。自从丧乱，年年过腊八，年年有粥喝，兴致未减，材料难求，因陋就简，虚应故事而已。

ròu shí zhě bù bǐ

肉食者不鄙

汪曾祺

无竹令人俗，

无肉令人瘦，

若要不俗与不瘦，

除非天天笋烧肉。

狮子头

狮子头是淮安菜。猪肉肥瘦各半，爱吃肥的亦可肥七瘦三，要“细切粗斩”，如石榴米大小（绞肉机绞的肉末不行），荸荠切碎，与肉末同拌，用手抟成招柑大的球，入油锅略炸，至外结薄壳，捞出，放进水锅中，加酱油、糖，慢火煮，煮至透味，收汤放入深腹大盘。

狮子头松而不散，入口即化，北方的“四喜丸子”不能与之相比。

周总理在淮安住过，会做狮子头，曾在重庆红岩八路军办事处做过一次，说：“多年不做了，来来来，尝尝！”想必做得很成功，因为语气中流露出得意。

我在淮安中学读过一个学期，食堂里有一次做狮子头，一大锅油，狮子头像炸麻团似的在油里翻滚，捞出，放在碗里上笼蒸，下衬白菜。一般狮子头多是红烧，食堂所做却是白汤，我觉最能存其本味。

镇江肴蹄

镇江肴蹄，盐渍，加硝，放大盆中，以巨大石块压之，至肥瘦肉都已板实，取出，煮熟，晾去水汽，切厚片，装盘。瘦肉颜色殷红，肥肉白如羊脂玉，入口不腻。

吃肴肉，要蘸镇江醋，加嫩姜丝。

乳腐肉

乳腐肉是苏州松鹤楼的名菜，制法未详。我所做乳腐肉乃以意为之。猪肋肉一块，煮至六七成熟，捞出，俟冷，切大片，每片须带肉皮，肥瘦肉，用煮肉原汤入锅，红乳腐碾烂，加冰糖、黄酒，小火焖。乳腐肉嫩如豆腐，颜色红亮，下饭最宜。汤汁可蘸银丝卷。

腌笃鲜

上海菜。鲜肉和咸肉同炖，加扁尖笋。

东坡肉

浙江杭州、四川眉山，全国到处都有东坡肉。苏东坡爱吃猪肉，见于诗文。东坡肉其实就是红烧肉，功夫全在火候。先用猛火攻，大滚几开，即加作料，用微火慢炖，汤汁略起小泡即可。东坡论煮肉法，云须忌水，不得已时可以浓茶烈酒代之。完全不加水是不行的，会焦煳粘锅，但水不能多。要加大量黄酒。扬州炖肉，还要加一点高粱酒。加浓茶，我试过，也吃不出有什么特殊的味道。

传东坡有一首诗："无竹令人俗，无肉令人瘦，若要不俗与不瘦，除非天天笋烧肉。"未必可靠，但苏东坡有时是会写这种打油体的诗的。冬笋烧肉，是很好吃。我的大姑妈善做这道菜，我每次到姑妈家，她都做。

霉干菜烧肉

这是绍兴菜，全国各处皆有，但不似绍兴人三天两头就要吃一次，鲁迅一辈子大概都离不开霉干菜。《风波》里所写的蒸得乌黑的霉干菜很诱人，那大概是不放肉的。

黄鱼鲞烧肉

宁波人爱吃黄鱼鲞（黄鱼干）烧肉，广东人爱吃咸鱼烧肉，这都是外地人所不能理解的口味，其实这种搭配是很有道理的。近几年因为违法乱捕，黄鱼产量锐减，连新鲜黄鱼都很难吃到，更不用说黄鱼鲞了。

火腿

浙江金华火腿和云南宣威火腿风格不同。金华火腿味清，宣威火腿味重。

昆明过去火腿很多，哪一家饭铺里都能吃到火腿。昆明人爱吃肘棒的部位，横切成圆片，外裹一层薄皮，里面一圈肥肉，当中是瘦肉，叫做“金钱片腿”。正义路有一家火腿庄，专卖火腿，除了整只的、零切的火腿，还可以买到火腿脚爪、火腿油。火腿油炖豆腐很好吃。护国路原来有一家本地馆子，叫“东月楼”，有一道名菜“锅贴乌鱼”，乃以乌鱼片两片，中夹火腿一片，在平底铛上烙熟，味道之鲜美，难以形容。前年我到昆明去，向本地人问起东月楼，说是早就没有了，“锅贴乌鱼”遂成《广陵散》。

华山南路吉庆祥的火腿月饼，全国第一。一个重旧秤四两，名曰“四两砣”。吉庆祥还在，而且有了分号，所制四两砣不减当年。

腊肉

湖南人爱吃腊肉。农村人家杀了猪，大部分都腌了，挂在厨灶房梁上，烟熏成腊肉。我不怎样爱吃腊肉，有一次在长沙一家大饭店吃了一回蒸腊肉，这盘腊肉真叫好。通常的腊肉是条状，切片不成形，这盘腊肉却是切成颇大的整齐的方片，而且蒸得极烂，我没有想到腊肉能蒸得这样烂！入口香糯，真是难得。

夹沙肉 · 芋泥肉

夹沙肉和芋泥肉都是甜的，夹沙肉是川菜，芋泥肉是广西菜。厚膘豚肩肉，煮半熟，捞出，沥去汤，过油灼肉皮起泡，候冷，切大片，两片之间不切通，夹入豆沙，装碗笼蒸，蒸至四川人所说“粑而不烂”倒扣在盘里，上桌，是为夹沙肉。芋泥肉做法与夹沙肉相似，芋泥较豆沙尤为细腻，且有芋香，味较夹沙肉更胜一筹。

白肉火锅

白肉火锅是东北菜。其特点是肉片极薄，是把大块肉冻实了，用刨子刨出来的，故入锅一涮就熟，很嫩。白肉火锅用海蛎子（蚝）做锅底，加酸菜。

烤乳猪

烤乳猪原来各地都有，清代满汉餐席上必有这道菜，后来别处渐渐没有，只有广东一直盛行，大饭店或烧腊摊上的烤乳猪都很好。烤乳猪如果抹一点甜面酱卷薄饼吃，一定不亚于北京烤鸭。可惜广东人不大懂得吃饼，一般烤乳猪只作为冷盘。

shā píng de měi jiǔ

沙坪的美酒

丰子恺

吃酒是为兴味，为享乐，不是求其速醉。

譬如二三人情投意合，促膝谈心，

倘添上各人一杯黄酒在手，话兴一定更浓。

吃到三杯，心窗洞开，真情挚语，娓娓而来。

古人所谓“酒三昧”，即在于此。

胜利快来到了。逃难的辛劳渐渐忘却了。我住在重庆郊外的沙坪坝庙湾特五号自造的抗建式小屋中的数年间，晚酌是每日的一件乐事，是白天笔耕的一种慰劳。

我不喜吃白酒，味近白酒的白兰地，我也不要吃。巴拿马赛会得奖的贵州茅台酒，我也不要吃。总之，凡白酒之类的，含有多量酒精的酒，我都不要吃。所以我逃难中住在广西贵州的几年，差不多戒酒。因为广西的山花，贵州的茅台，均含有多量酒精，无论本地人说得怎样好，我都不要吃。

自从由贵州茅台酒的产地遵义迁居到重庆沙坪坝之后，我开始恢复晚酌，酌的是“渝酒”，即重庆人仿造的黄酒。

富有风趣的一位朋友讥笑我说：“你不吃白酒，而爱吃黄酒，我知道你的意思了：吃白酒是不出钱的，揩别人的油。你不用人间造孽钱，笔耕墨稼，自食其力，所以讨厌白酒两字。黄酒是你们故乡的特产，你身窜异地，心念故乡，所以爱吃黄酒。对不对？”我说：“其然，岂其然欤？”这朋友的话颇有诗意，然而并没有猜中我不爱白酒爱黄酒的原因。揩别人的油，原是我所不欲的；然而吃酒揩油，我觉得比其他的揩油好些。古人诗云：“三杯不记主人谁。”吃酒是兴味的，是无条件的，是艺术的。既然共饮，就不必斤斤计较酒的所有权；客情去留，反而煞风景，反而有伤生活的诗趣。我倒并不绝对不吃“白酒”（不出钱的酒）。至于为了怀乡而吃黄酒，也大可不必。我住在大后方各省各地的时候，天天嘴上所说的是家乡土白。若要怀乡，这已尽够，不必再用吃黄酒来表示了。

我所以不喜白酒而喜黄酒，原因很简单：就为了白酒容易醉，而黄酒不易醉。“吃酒图醉，放债图利”，这种功利的吃酒，实在不合于吃酒的本旨。吃饭，吃药，是功利的。吃饭求饱，吃药求愈，是对的。但吃酒这件事，性状就完全不同。吃酒是为兴味，为享乐，不是求其速醉。譬如二三人情投意合，促膝谈心，倘添上各人一杯黄酒在手，话兴一定更浓。吃到三杯，心窗洞开，真情挚语，娓娓而来。古人所谓“酒三昧”，即在于此。但决不可吃醉，醉了，胡言乱道，诽谤唾骂，甚至呕吐，打架。那真是不会吃酒，违背吃酒的本旨了。所以吃酒决不是图醉。所以容易醉人的酒决不是好酒。巴拿马赛会的评判员倘换了我，一定把一等奖给绍兴黄酒。

沙坪的酒，当然远不及杭州、上海的绍兴酒。然而“使人醺醺而不醉”，这重要条件是具足了的。人家都讲究好酒，我却不大关心。有的朋友把从上海坐飞机来的真正“陈绍”送我。其酒固然比沙坪的酒气味清香些，上口舒适些；但其效果也不过是“醺醺而不醉”。在抗战期间，请绍酒坐飞机，与请洋狗坐飞机有相似的意义。这意义所给人的不快，早已抵消了其气味的清香与上口的舒适了。我与其吃这种绍酒，宁愿吃沙坪的渝酒。

“醉翁之意不在酒”，这真是善于吃酒的人说的至理名言。我抗战期间在沙坪小屋中的晚酌，正是“意不在酒”。我借饮酒作为一天的慰劳，又作为家庭聚会的一种助兴品。在我看来，晚餐是一天的大团圆。我的工作完毕了；读书的、办公的孩子们都回来了；家离市远，访客不再光临了；下文是休息和睡眠，时间尽可从容了。若是这大团圆的晚餐只有饭菜而没有酒，则不能延长时间，匆匆地把肚皮吃饱就散场，未免太少兴趣。况且我的吃饭，从小养成一种快速习惯，要慢也慢不来。有的朋友吃一餐饭能消磨一两小时，我不相信他们如何吃法。在我，吃一餐饭至多只花十分钟。这是我小时从李叔同先生学钢琴时养成的习惯。那时我在师范学校读书，只有吃午饭后到一点钟上课的时间，和吃夜饭后到七点钟上自修的时间，是教弹琴的时间。我十二点吃午饭，十二点一刻须得到弹琴室；六点钟吃夜饭，六点一刻须得到弹琴室。吃饭，洗碗，洗面，都要在十五分钟内了结。这样的数年，使我养成了快吃的习惯。后来虽无快吃的必要，但我仍是非快不可。这就好比反刍类的牛，野生时代因为怕狮虎侵害而匆匆吞入胃内，急忙回到洞内，再吐出来细细地咀嚼，养成了反刍的习惯；做了家畜以后，虽无快吃的必要，但它仍是要反刍。如果有人劝我慢慢吃，在我是一件苦事。因为慢吃违背了惯性，很不自然，很不舒服。一天的大团圆的晚餐，倘使我以十分钟了事，岂不太草草了？所以我的晚酌，意不在酒，是要借饮酒来延长晚餐的时间，增加晚餐的兴味。

沙坪的晚酌，回想起来颇有兴味。那时我的儿女五人，正在大学或专科或高中求学，晚上回家，报告学校的事情，讨论学业的问题。他们的身体在我的晚酌中渐渐高大起来。我在晚酌中看他们升级，看他们毕业，看他们任职。就差一个没有看他们结婚。在晚酌中看成群的儿女长大成人，照一般的人生观说来是“福气”，照我的人生观说来只是“兴味”。这好比饮酒赏春，眼看花草树木，欣欣向荣；自然的美，造物的用意，神的恩宠，我在晚酌中历历地感到了。陶渊明诗云：“试酌百情远，重觞忽忘天。”我在晚酌三杯以后，便能体会这两句诗的真味。我曾改古人诗云："满眼儿孙身外事，闲将美酒对银灯。"因为沙坪小屋的电灯特别明亮。

还有一种兴味，却是千载一遇的：我在沙坪小屋的晚酌中，眼看抗战局势的好转。我们白天各自看报，晚餐桌上大家报告讨论。我在晚酌中眼看东京的大轰炸，莫索里尼的被杀，德国的败亡，独山的收复，直到波士坦（波茨坦）宣言的发出，八月十日夜日本的无条件投降。我的酒味越吃越美。我的酒量越吃越大，从每晚八两增加到一斤。大家说我们的胜利是有史以来的一大奇迹。我的胜利的欢喜，是在沙坪小屋晚上吃酒吃出来的！所以我确认，世间的美酒，无过于沙坪坝的四川人仿造的渝酒。我有生以来，从未吃过那样的美酒。即如现在，我已"胜利复员，荣归故乡"；故乡的真正陈绍，比沙坪坝的渝酒好到不可比拟，我也照旧每天晚酌；然而味道远不及沙坪的渝酒。因为晚酌的下酒物，不是物价狂涨，便是盗贼蜂起；不是贪污舞弊，便是横暴压迫。沙坪小屋中的晚酌的那种兴味，现在已经不可复得了！唉，我很想回重庆去，再到沙坪小屋里去吃那种美酒。

shuǐ jīng xiā bǐng

水晶虾饼

梁实秋

这一炒一烩，

全是靠使油及火候，

灶上的手艺一点含糊不得。

虾，种类繁多。《尔雅翼》所记："闽中五色虾，长尺余，具五色。梅虾，梅雨时有之。芦虾，青色，相传芦苇所变。泥虾，稻花变成，多在泥田中。又虾姑，状如蜈蚣，一名管虾。"芦苇稻花会变虾，当然是神话。

虾不在大，大了反倒不好吃。龙虾一身铠甲，须爪戟张，样子十分威武多姿，可是剥出来的龙虾肉，只合做沙拉，其味不过尔尔。大抵咸水虾，其味不如淡水虾。

虾要吃活的，有人还喜活吃。西湖楼外楼的“炝活虾”，是在湖中用竹篓养着的，临时取出，欢蹦乱跳，剪去其须吻足尾，放在盘中，用碗盖之。食客微启碗沿，以箸挟取之，在旁边的小碗酱油麻油醋里一蘸，送到嘴边用上下牙齿一咬，像嗑瓜子一般，吮而食之。吃过把虾壳吐出，犹咕咕嚷嚷的在动。有时候嫌其过分活跃，在盘里泼进半杯烧酒，虾乃颓然醉倒。据闻有人吃活虾不慎，虾一跃而戳到喉咙里，几致丧生。生吃活虾不算稀奇，我还看见过有人生吃活螃蟹呢！

炝活虾，我无福享受。我只能吃油爆虾、盐焗虾、白灼虾。若是嫌剥壳麻烦，就只好吃炒虾仁、烩虾仁了。说起炒虾仁，做得最好的是福建馆子，记得北平西长安街的忠信堂是北平唯一的有规模的闽菜馆，做出来的清炒虾仁不加任何配料，满满一盘虾仁，鲜明透亮，而且软中带脆。闽人善治海鲜当推独步。烩虾仁则是北平饭庄的拿手，馆子做不好。饭庄的酒席上四小碗，其中一定有烩虾仁，羼一点荸荠丁、勾芡，一切恰到好处。这一炒一烩，全是靠使油及火候，灶上的手艺一点也含糊不得。

虾仁剁碎了就可以做炸虾球或水晶虾饼了。不要以为剁碎了的虾仁就可以用不新鲜的剩货充数，瞒不了知味的吃客。吃馆子的老主顾，堂倌也不敢怠慢，时常会用他的山东腔说：“二爷！甭起虾夷儿了，虾夷儿不信香。”（不用吃虾仁了，虾仁不新鲜。）堂倌和吃客合作无间。

水晶虾饼是北平锡拉胡同玉华台的杰作。和一般的炸虾球不同。一定要用白虾，通常是青虾比白虾味美。但是做水晶虾饼非白虾不可，为的是做出来颜色纯白。七分虾肉要加三分猪板油，放在一起剁碎，不要碎成泥，加上一点点芡粉，葱汁姜汁，捏成圆球，略按成厚厚的小圆饼状，下油锅炸，要用猪油，用温油。炸出来白如凝脂，温如软玉，入口松而脆。蘸椒盐吃。

自从我知道了水晶虾饼里大量羼猪油，就不敢常去吃它。连带着对一般馆子的炸虾球，我也有戒心了。